Reiseführer

W0174849

Madeira

und Porto Santo

von Oliver Breda

 ADAC Top Tipps

Das müssen Sie gesehen haben!
Die zehn Top Tipps bringen Sie
zu den absoluten Highlights.

 ADAC Empfehlungen

Unterwegs gut beraten: Diese
25 ausgesuchten Empfehlungen
machen Ihren Urlaub perfekt.

Preise für ein DZ mit Frühstück:
€ | bis 50 €
€€ | bis 110 €
€€€ | ab 110 €

Preise für ein Hauptgericht:
€ | bis 10 €
€€ | bis 20 €
€€€ | ab 20 €

■ Intro

■ ADAC Quickfinder

*Hier finden Sie die Orte, Sehens-
würdigkeiten und Attraktionen,
die perfekt zu Ihnen passen.*

■ Unterwegs

Zu diesen Orten und Sehenswürdigkeiten finden Sie Detailkarten im Innenteil des Reiseführers.

■ Service

Umschlag:

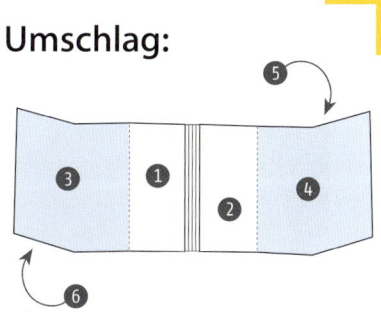

ADAC Top Tipps: Vordere Umschlagklappe, innen ❶

ADAC Empfehlungen: Hintere Umschlagklappe, innen ❷

Übersichtskarte Madeira West: Vordere Umschlagklappe, innen ❸
Übersichtskarte Madeira Ost: Hintere Umschlagklappe, innen ❹
Stadtplan Funchal: Hintere Umschlagklappe, außen ❺
Ein Tag in Funchal: Vordere Umschlagklappe, außen ❻

Gärten, Berge, Wälder in den Weiten des Atlantiks

Tropische Blütenpracht prägt Städte und Dörfer, urwüchsiger Lorbeerwald und Berge bilden den Kontrast

Die Levada der 25 Quellen ist einer der beliebtesten Wanderwege Madeiras

Weit draußen im Meer liegt der Archipel Madeira. Zwei bewohnte Inseln, wie sie landschaftlich unterschiedlicher kaum sein könnten, bilden die Inselgruppe: Madeira ist grün und in den hohen Lagen von dichtem Lorbeerwald überzogen – übersetzt bedeutet der Name »Holz« –, während das trockene Porto Santo mit seinem langen Strand die Wüste verkörpert.

Tropische Gärten auf Madeira, Wüste auf Porto Santo

Das Image als Blumeninsel zieht viele Besucher nach Madeira. Gewächse aus der ganzen Welt gedeihen hier auf engstem Raum. Jedes Fleckchen ist bepflanzt, und die Herrschaftshäuser liegen in tropischen Gärten. Exotische Pflanzen galten lange als Statussymbol – auf Madeira sind sie es noch heute. Stolz sind die Gartenbesitzer und deren Gärtner. Sie öffnen die Pforten, damit sich Besucher an der Pracht erfreuen können. Das Farbenfrohe, die Formenvielfalt, das nicht Alltägliche haben die Menschen auf die Insel gebracht. Die heimische Vegetation ist vor allem grün, in sämtlichen Schattierungen. Ein Urwald bedeckt große Teile der Täler und Höhen. Lauschige

Farben. Wanderer gelangen so ohne große Anstrengung in die unzugänglichsten Gebiete.

Wer Natur, Wind und Wetter liebt, findet auf Madeira stets seinen Platz. Der Norden ist rau, zerzaust vom Nordostpassat, der Süden sonnig und warm. Das Wetter ist das ganze Jahr über angenehm: nicht zu warm, selten zu kalt – bis auf wenige Tage, wenn die hohen Gipfel mit feinen Schneekristallen überzuckert sind.

Dann Funchal, die Großstadt mit gepflasterten Gassen wie in alten Zeiten. Im Zentrum hat sie sich noch ihren alten Charme bewahren können.

Der natürliche Sandstrand von Porto Santo (unten) – Farbenpracht auf der Festa da Flor in Funchal (ganz unten)

Pfade erlauben ein Eindringen. Über den Bäumen ragen steile Gipfel himmelwärts, die von alten Verbindungswegen erschlossen werden. Mühelos sind dagegen die Wege entlang der offenen Wasserkanäle zu begehen. Sie heißen Levadas und durchziehen mit geringem Gefälle weite Teile der Insel. Wurzeln von Blumen, Büschen und Bäumen stützen das Fundament, ihre Blüten besprenkeln die Landschaft mit

Terrassenanbau an der Steilküste von Cabo Girão (oben) – Porto Moniz, einst Fischerort, heute Urlaubsziel (Mitte) – Urwüchsiger Lorbeerwald (unten)

Wälder und Wasserwege

Kein Autor schreibt über Madeira, ohne von der Blütenpracht zu schwärmen. Kein Bericht kommt ohne die Levadas aus. Tatsächlich kommen die meisten Besucher auf die Insel, um in üppigen Gärten zu weilen und entlang der Wasserkanäle zu wandern. Schon seit dem 18. Jh. sind die Levadas von Rabaçal Ziel von Urlaubern und Wanderern. Weitere Besuchermagnete sind der Jardim Botânico da Madeira bei Funchal, der Jardim Tropical Monte Palace und die Palheiro Gardens der englischen Weinhändlerfamilie Blandy. Ganz Funchal wird von exotischer Blütenpracht überzogen. Die Stadt lockt zudem mit malerischen Gassen. Die geschnitzte Holzdecke der Kathedrale beeindruckt ebenso wie die Markthalle mit tropischem Angebot.

Ganz anders zeigt sich Porto Santo. Die Hauptstadt hat dörflichen Charakter, die Insel ist wüstenhaft und ländlich. Ihr Kapital ist der lange Sandstrand.

Landschaftliche Höhepunkte sind die steilen Küsten rund um die Insel. Der Cabo Girão ist eine der höchsten Klippen Europas. Am Westkap in Ponta do Pargo steht ein Leuchtturm auf einer über 300 m hohen Felsnase, die senkrecht ins Meer fällt. Eindrucksvolle Blicke ergeben sich vom hohen Pico do Arieiro oder dem spektakulären Aussichtspunkt Eira do Serrado, der über dem Felskessel von Curral das Freiras thront. Große Teile von Madeiras Norden sind von Lorbeerwald bedeckt. Seit 1999 ist er Welterbe der UNESCO. Stille, Mystik und dunkles Grün umschließen die Besucher. Zum Baden bieten sich Felsbecken an. In Porto Moniz wurde ein erkalteter Lavastrom in ein Freibad integriert.

Mit einem kilometerlangen Sandstrand wartet die Insel Porto Santo auf. Der Sand soll sogar heilende Wirkung haben, was jedoch nicht erwiesen ist.

Vom Wesen der Insulaner

Madeira und Porto Santo sind ländlich geprägt. Lange Zeit basierte das Einkommen der Bewohner auf der Landwirtschaft. Über Generationen war ihr Leben mühsam und arbeitsreich, ein

> *Wir sahen immer mehr Bäume, die Luft wurde immer kühler. Es schien, als bestiegen wir einen großen Berg, so änderte sich unser Fühlen immerzu.*
>
> João de Nóbrega Soares, madeirischer Zeitungsverleger, 1859 über die Levadas von Rabaçal

steter Kampf mit dem Wetter, mit dichten Wäldern und steilen Hängen. Auf den ersten Blick mögen die Bewohner wortkarg, stur oder gar abweisend er-

Die Kirche von Monte ist zu Mariä Himmelfahrt ein beliebtes Wallfahrtsziel

scheinen. Tatsächlich sind sie zurückhaltend freundlich und wenig aufbrausend. Gebrüll hört man auf den Straßen selten. Schnelle Freundschaften werden kaum geschlossen, man lässt sich Zeit, beschnuppert den anderen, in Unterhaltungen zählt das Understatement. Hat man aber das Herz eines Madeirensers erobert, bleibt es lange offen, auch nach dem einen oder anderen Fauxpas.

Durch den Tourismus kamen zwar andere Verhaltensweisen auf die Inseln, die Einheimischen blieben ihrer Art jedoch treu, auch wenn verschiedene Welten auf engstem Raum zusammentreffen.

Die Lebenskonzepte zwischen der Stadtbevölkerung in Funchal und der Landbevölkerung im Rest der Insel oder auf Porto Santo unterschieden sich schon immer stark. Erst durch intensiven Straßenbau sind die Menschen näher zusammengerückt. Die Stadt war plötzlich erreichbar, nicht mehr fern. Wer die Einheimischen in ihrer Umgebung treffen möchte, besucht am besten einfache Bars oder Cafés, wo auf die Schnelle ein Espresso im Stehen gekippt wird. Ihren geduldigen Charakter bekommt man in einer Supermarktschlange mit: Da gibt es kein Drängeln, kein Schubsen, und für einen kurzen Smalltalk ist immer Zeit. Sonntags ist Familientag. Picknickplätze füllen sich, im Sommer trifft man sich am Strand, und sei es nur ein schmaler, grobkiesiger. Es wird gegessen, getrunken, beisammengesessen. Inzwischen haben einige das Wandern für sich entdeckt, entweder im Familienverband oder in Vereinen, die in

Die Palheiro Gardens sind im Besitz einer alteingesessenen Weinhändlerfamilie

großen Gruppen durch unwegsames Gelände streifen.

Rundum versorgt

Besucherzentren auf Madeira sind Funchal und Caniço, auf Porto Santo konzentriert sich der Tourismus auf die Südküste um Vila Baleira. Dort ist die touristische Infrastruktur gut. Es gibt genügend Unterkünfte für alle Reisebudgets, Restaurants für jeden Geschmack, öffentliche Verkehrsmittel, Einkaufsmöglichkeiten sowie Auto- und Fahrradvermietungen. Im ländlichen Bereich beider Inseln sind Unterkünfte spärlicher, dafür ist es ruhiger. Da das Straßennetz auf Madeira gut ausgebaut und Porto Santo klein ist, kann man sich als Mietwagenfahrer ohne große Einschränkungen abseits der Zentren einmieten.

Hauptstadt Funchal

Sprache Portugiesisch; in Urlaubsgebieten wird Englisch, teilweise auch Deutsch verstanden

Währung Euro

Fläche Madeira 758,5 km², das entspricht in etwa der Größe Hamburgs; Porto Santo 43 km²

Einwohner 251 000 auf Madeira, 5200 auf Porto Santo

Staatsform Portugal ist eine parlamentarische Republik, der Archipel Madeira »Região Autónoma« mit Selbstverwaltungsrechten

Tourismus 7,4 Mio. Übernachtungen: Briten 29 %, Deutsche 28 % und Franzosen 10 %

Religion 91 % Katholiken, 6,5 % andere Religionen, 2,5 % religionslos

Zeitzone Westeuropäische Zeit (WEZ)

Berühmtester Sohn der Insel
Weltfußballer Cristiano Ronaldo

Madeiras Exportschlager
Bananen – rund 19 000 t produziert die Insel im Jahr

Wasserwege Über 1500 km Levadas durchziehen die Insel

Kreuzfahrtschiffe Knapp 300 legen jedes Jahr in Funchal an

Lorbeeren 20 % von Madeira sind mit Lorbeerwald bedeckt

Das will ich erleben

Die Blumeninsel Madeira ist gebirgig. Auf 740 km² türmt sie sich über 1800 m auf. Blumenfreunde und Wanderer kommen auf ihre Kosten. Subtropische und tropische Blütenpracht erfreuen den Besucher an der Südküste, die höheren Lagen und der Norden sind von Lorbeerwäldern überzogen. Die Küste fällt steil ins Meer. Sie erlaubt eindrucksvolle Ausblicke. Über 1500 km Wasserkanäle versorgen die Bauern und bieten dem Wanderer angenehme Wege. Altertümlichen Charme verströmt die Großstadt Funchal. Zum Baden bietet sich ein Abstecher nach Porto Santo an.

Erkundungen entlang den Levadas

Die Wasserkanäle sind die Lebensadern der Insel. Sie versorgen die Felder an den steilen Hängen zuverlässig mit Wasser, treiben Wasserkraftwerke an und bieten eine leichte Möglichkeit, die Insel zu Fuß zu erkunden. Die ältesten Levadas befinden sich im Gebiet von Rabaçal. An der Südküste passiert eine ganze Reihe neuerer Levadas sonnige Hänge.

Pflanzenvielfalt in den Gärten

Exotische Pflanzen galten lange als Statussymbol. Schon im 16. Jh. brachten die Entdeckungsfahrer die ersten Gewächse aus Asien, Afrika und Amerika auf die Insel. Briten gestalteten Gärten nach ihren heimischen Vorbildern und importierten allerlei Exoten.

Edler Madeirawein

Der Madeirawein erholt sich allmählich von seinem angestaubten Image. Vielfach hat eine junge Generation die Produktion und das Marketing übernommen. Dennoch verströmt der Wein noch immer eine aristokratische Noblesse. Von den Einheimischen wird er gern zu besonderen Anlässen getrunken.

Einkaufen auf authentischen Märkten

In einigen Dörfern haben sich Wochenmärkte nach alter Manier erhalten. Farbenfroh zeigen sich die Stände in der Markthalle von Funchal. Auch wenn hier mehr Touristen als Einheimische einkaufen, ist der Besuch ein Erlebnis.

Manuelinische Baukunst

In der Regierungszeit Manuels I. (1495–1521) entstand ein Baustil, der durch verspielte Verzierungen heraussticht. Portugal erlangte unter Manuel I. großen Reichtum durch den Zuckerhandel, was sich auf Madeira noch mancherorts, vor allem in Funchal, in der Architektur widerspiegelt.

Barocke Kunst

Die meisten Kirchen auf Madeira wurden mehrfach restauriert und nach der herrschenden Mode umgestaltet. Viele Altäre glänzen in prächtigem Barock.

Spießessen auf dem Land

Eines der Traditionsgerichte auf Madeira ist die »espetada«, Rindfleisch, das, nur mit Knoblauch, grobem Salz und Lorbeer gewürzt, am Spieß gegrillt wird. In manchen Restaurants wird über offenem Holzfeuer gegart. Dazu gibt es »milho frito« (gebackener Maisgrieß) und Salat.

In felsigem Gelände wandern

Madeira lässt das Herz jedes Wanderers oder auch Bergsteigers höherschlagen. Die Möglichkeiten sind vielfältig: Vom einfachen Spaziergang bis zur anspruchsvollen Gebirgstour ist alles möglich. Alte Verbindungswege verlaufen an der steilen Küste, wo die Insel vielerorts geradezu alpines Gelände bietet.

Am Strand liegen

Selbst auf dem bergigen Madeira lässt es sich entspannt am Meer liegen. Sandstrände sind zwar selten, aber es gibt sie. Häufiger sind aber Badeanlagen in bizarrer Felskulisse. Auf Madeira sind viele Strände aufgeschüttet. Den schönsten natürlichen Strand bietet Porto Santo.

Uriger Lorbeerwald

Der Lorbeerwald von Madeira ist UNESCO-Weltnaturerbe. An einigen Stellen wachsen Bäume, die über 500 Jahre alt sind. Sie sind bedeckt von Farnen, Flechten und anderen Gewächsen, die sich auf ihnen eingenistet haben. Bei Nebel ist die Stimmung mystisch.

Eindrucksvolle Aussichten

Von den höchsten Lagen bis hinunter ans Meer ergeben sich immer wieder weite Ausblicke. Wie eine spitze Nadel ragt Madeira aus den Tiefen des Atlantiks.

Unterwegs

Vom Portela-Pass schweift der Blick über Porto da Cruz und den Adlerfelsen – im gebirgigen Madeira bieten sich immer wieder solch spektakuläre Aussichten auf die Küste

Funchal und der sonnen-verwöhnte Südosten

Modernität, alter Charme und die meisten Touristenunterkünfte konzentrieren sich im Südosten Madeiras

Funchal und Caniço sind die größten Touristenzentren der Insel mit einer guten Infrastruktur.

In diesem Kapitel:

ADAC Top Tipps:

 Sé do Funchal
| Kathedrale |
Die Kathedrale von Funchal wartet mit einer kunstvollen Holzdecke auf. Sie ist aus dem heimischen Zedernwacholder geschnitzt. 24

 Mercado dos Lavradores, Funchal
| Markt |
Farbenfroh zeigt sich die Markthalle von Funchal. Blumenverkäufer erwarten den Besucher gleich am Eingang. Im Erdgeschoss und auf der Galerie bieten Händler exotische Früchte an. 26

 Jardim Tropical Monte Palace, Monte
| Garten |
Der tropische Garten in Monte ist verspielt und verwinkelt. Pflanzen aus der ganzen Welt säumen die verschlungenen Pfade. 35

 Cabo Girão
| Aussichtsplattform |
An einer der höchsten Steilklippen Europas befindet sich eine begehbare Glasplatte über dem Abgrund. 39

 Eira do Serrado
| Aussichtspunkt |
Hoch über dem Talkessel von Curral das Freiras bietet die Felsnase Blicke in die Bergwelt. 42

Funchal

Inselmetropole und Großstadt mit altertümlichem Charme

![Marktszene](Das bunte, reiche Angebot des Mercado dos Lavradores erfreut das Auge)

Das bunte, reiche Angebot des Mercado dos Lavradores erfreut das Auge

 Information

■ Posto de Turismo, Avenida Arriaga 16, 9004-519 Funchal, Tel. 291 21 19 02, www.visitmadeira.pt, Mo–Fr 9–20, Sa, So und Fei 9–15.30 Uhr
■ Posto de Turismo Pontinha, Gare Marítima Área de desembarque, Piso 1, bei Ankunft von Kreuzfahrtschiffen 8.30–11 Uhr, www.visitmadeira.pt
■ Parken: siehe S. 28

Funchal gehört zu den größten Städten Portugals. Im historischen Teil um die Kathedrale und in der Altstadt hat sich die Stadt beschaulichen Charme bewahren können. Entlang der Gassen reihen sich Cafés aneinander. Am besten lässt sich das Geschehen in der verkehrsberuhigten Avenida Arriaga beobachten.

Im ehemaligen Fischerviertel, der eigentlichen Altstadt (»zona velha«), herrscht quirliges Treiben, die Türen der Häuser in der Rua Santa Maria haben ortsansässige Künstler verziert. Flanieren lässt sich auf der neuen Uferpromenade von der Altstadt bis zum Kreuzfahrtterminal.

Westlich des Parque de Santa Catarina schließt sich das Hotelviertel an. In den höher gelegenen Stadtteilen sind die Villenviertel angesiedelt. Einige der herrlichen Gärten sind zugänglich.

Plan
S. 20/21

te die amerikanische Konkurrenz im Zuckerhandel die Gewinne.

Ab Mitte des 17. Jh. florierte der Weinhandel durch Briten, und 1801 nutzten britische Truppen Madeira als Stützpunkt gegen Frankreich.

Die ersten Unterkünfte für Urlauber entstanden ab Mitte des 19. Jh. 1891 eröffnete der Schotte William Reid das Luxushotel Reid's Palace, das heute noch ein gediegenes Publikum anzieht.

Mit dem Eintritt in die Europäische Gemeinschaft 1986 floss Geld. Damals begann für das wirtschaftlich zurückgebliebene Portugal eine neue Zeit. Madeira und Funchal profitierten enorm. Investiert wurde in Straßen- und Häuserbau sowie in die Strom- und Wasserversorgung. Allerdings bekam Funchal erst Ende des Jahres 2000 eine Stadtumfahrung.

ADAC *Mobil*

Das komplette Stadtgebiet bedienen orangefarbene Busse der Gesellschaft **Horários do Funchal** (www.horariosdofunchal.pt). Im Innenstadtbereich verkehrt die sogenannte Linha Eco. Diese Kleinbusse halten auf Handzeichen. Einzeltickets (1,95 €) können beim Fahrer gekauft werden. Tagesfahrkarten (4,50 €) und Mehrtageskarten besorgt man sich am Fahrkartenschalter in der Rua Artur de Sousa Pinga, Ecke Avenida do Mar e Comunidades Madeirenses, etwa 150 m westlich der Talstation der Seilbahn nach Monte.

Die ganze Pracht nahm vor knapp 600 Jahren ihren Anfang. Davor war hier nichts weiter als ein gewaltiger Kessel mit reißenden Flüssen, an deren Ufern wilder Fenchel (port. »funcho«) wuchs. João Gonçalves Zarco gründete die Stadt 1424.

Für ersten Aufschwung sorgte der Anbau von Zuckerrohr. Die erste Zuckermühle ging Mitte des 15. Jh. in Betrieb. Wo sich heute Hotels, Apartmentkomplexe und Einkaufszentren aneinanderdrängen, waren im 15. und 16. Jh. die Hänge für Zuckerrohrfelder terrassiert. Unter spanischer Herrschaft von 1580 bis 1640 verlor die Stadt an Bedeutung, zudem schmäler-

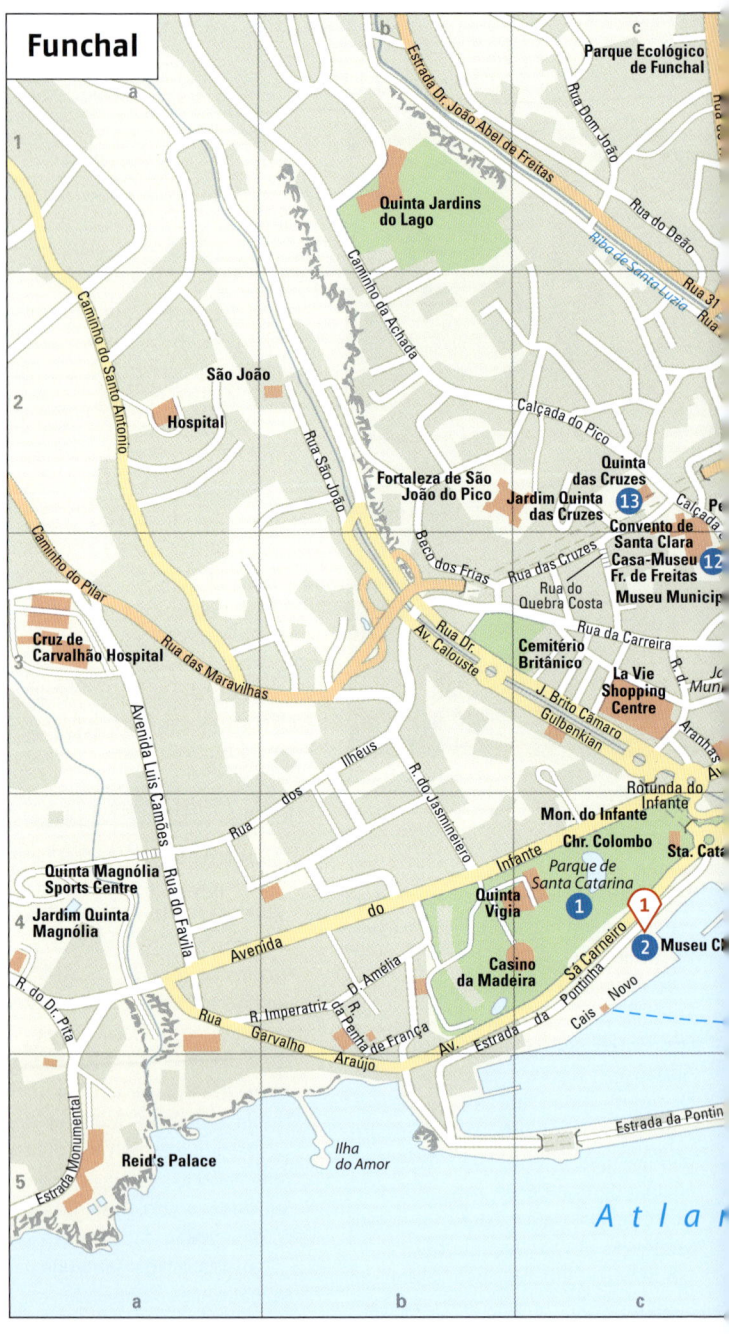

Jardim Botânico
da Madeira (2 km)

Caminho da Torrinha

Rua Nova Pedro José Omelas

Rua do Comboio

Rua de Santa Luzia

Rua Vale Formosa

Rua do Pina

Rua Pedro José Omelas

Rua do João Gomes

Rua Dr. Sidondo Pais

Rua da Rochinha

Sta.
Luzia

Capela do
Encarnação

Rua Alferes

V. Pestana

Quinta da
Boa Vista **17**

18

de Janeiro
utubro

Museu Henrique
e Francisco Franco

Rua dos Ferreiros

R. 31 de Janeiro

Igreja do
Bom Jesus

R. do Bom Jesús

Rua das Hortas

R. João de Deus

Teleférico (Seilbahn)

Est. Conde do Carvalhal

Rua Nova da Alegria

Núcleo de Draggeiros
das Neves (4,3 km)

Museu
do Vinho

IVBAM

Igreja do
Colégio **3**

11

Câmara **9**
Municipal

Igreja
de Carmo

R. do Carmo

Anadia

Qudmot

Estádio

Museu de **10**
Arte Sacra

Museu A Cidade
do Açúcar

Pr. do
Município

R. Dr. F. Ornelas

R. do Alube

R. Direita

Mercado dos
Lavradores

Rua Bela S. Tiago

Museo do
Brinquedo

Blandy's Wine **2**
Lodge

i

Arriaga

Zarco

1 **7**

8 Pr. do
Colombo

R. do Visconde do

R. Brigadeiro

R. de **2** **14**

Madeira
Story Centre **15**

Santa Maria

5

3

Sé do
Funchal

Pr. do
Autonomia

R. Proferas

R. D. Carlos

Capela do
Corpo Santo

Palacio de **4**
São Lourenço

Alfândega
Velha

Avenida do Mar

Avenida do Mar e das
Comunidades Madeirenses

16 **4**

Teleférico

Ritz
leira

Portão dos
Varadouros

Forte de São Tiago,
Museu de Arte Cont.

Santa Maria
de Colombo

Marina

scher   O z e a n

i

*Porto Santo
Ilhas Desertas*

4

5

0   300 m

d   e   f

Sehenswert

 Parque de Santa Catarina
| Park |

Die zentrale Rasenfläche des Parks umgeben exotische Gewächse aus tropischen Ländern. Am Ostrand der Anlage befindet sich bei der Capela Santa Catarina aus dem 15. Jh. ein Aus-

Im Blickpunkt

Madeirawein – von süß bis trocken

Madeirawein wird in Europa häufig verkannt, da die exportierten Weine im besten Fall mittelmäßig sind. Gute Tropfen gibt es nur auf der Insel. Madeirawein ist ein aufgespritteter Dessert- oder Aperitifwein. Dem vergorenen Traubensaft wird hochprozentiger Alkohol (96 Vol.-%) zugefügt, bis der Madeira einen Alkoholgehalt von 19–20 Vol.-% hat.
Es gibt süße, halbsüße, halbtrockene und trockene Madeiraweine. Der Zeitpunkt für die Zugabe von Alkohol ist entscheidend für die Geschmacksrichtung: je früher desto süßer, da die Gärung gestoppt wird und der Zuckergehalt der Trauben im Wein verbleibt. Die Sercial-Traube eignet sich für trockene Weine, aus der Verdelho-Traube entsteht halbtrockener Madeira, der Boal-Traube entlocken die Winzer einen halbsüßen und dem Malmsey (Malvasia) einen süßen Wein. Die vielseitigste Traube ist die Tinta Negra Mole, aus ihr wird von süß bis trocken alles produziert.

sichtspunkt. Das Weihwasserbecken vor dem Eingang ist mit Rad und Schwert verziert, denn die heilige Katharina wurde erst gerädert und dann geköpft. Eine Kolumbusstatue auf dem Vorplatz schaut nach Südosten.

■ Avenida do Infante, tgl. 7–21 Uhr, 23. Sept.–21. März 8–19 Uhr

 Museu CR7
| Museum |
 Das Leben und Wirken eines Weltfußballers

Cristiano Ronaldo hat sich auf seiner Insel mehrere Denkmäler gesetzt: Der Flughafen von Madeira heißt seit 2017 offiziell Aeroporto de Cristiano Ronaldo, schon seit Längeren steht eine Bronzeskulptur von ihm an der Uferstraße, er ist an einem Hotel beteiligt und hat auch sein eigenes Museum. Sämtliche Trophäen, die Ronaldo bisher bekommen hat, sind dort ausgestellt. Auf einer interaktiven Zeitleiste kann die Karriere des Ausnahmefußballers verfolgt werden.

■ Avenida Sá Carneiro, Praça do Mar 27, Tel. 291 63 98 80, www.museucr7.com, Mo–Sa 10–18 Uhr, 5 €

 Avenida Arriaga
| Fußgängerzone |

In der zentralen Flaniermeile befinden sich Cafés, das Stadttheater und eine Statue von João Gonçalves Zarco, dem ersten Legatskapitän der Stadt. Im Frühjahr blühen Jacaranda-Bäume.

Jardim Municipal
| Park |

Der Garten war der erste öffentliche Park Funchals. Prunkstücke sind tropische Bäume, die Siedler im Laufe der Jahrhunderte auf die Insel brachten.

■ Avenida Arriaga

Die Avenida Arriaga ist die Flaniermeile von Funchal

⑤ Blandy's Wine Lodge
| Weinkellerei |

 Seit 1811 produziert die englische Familie Blandy Madeirawein

Mitte des 19. Jh. kaufte Charles Ridpath Blandy das Gebäude, in dem sich heute Probierstube und Museum befinden. Es datiert auf das 17. Jh. und war Teil des alten Franziskanerklosters.

In Räumen mit unterschiedlichem Klima werden die Weine gelagert. Die Wände der Probierstube gestaltete der deutsche Künstler Max Römer mit Szenen traditioneller Weinlese. Im angeschlossenen Museum steht das älteste Holzfass der Insel aus dem 17. Jh. Es werden drei verschiedene Führungen angeboten. Die kürzeste dauert ca. 30 Min. und gibt einen guten Überblick. Den Abschluss bildet eine kleine Weinprobe (Lodge Tour, 3,50 €). Etwas mehr erfährt man auf der Premium Tour (ca. 45 Min., 5,90 €), die auch in deutscher Sprache angeboten wird (Mo–Fr 10.45, 14.45 und 15.45, Sa 10.45 Uhr). Die Vintage Tour richtet sich an Weinkenner und legt den Schwerpunkt auf kostbare Weine. Die Abschlussprobe besteht aus edlen Weinen (Vintage Tour, ca. 60 Min., 16,50 €, Mo–Fr 16.30 Uhr oder auf Nachfrage, meist nur auf Englisch möglich).

Gleich neben dem Eingang liegt das Weingeschäft »A Loja do Vinho«, wo über 500 verschiedene Weine angeboten werden.

■ Avenida Arriaga 28, Tel. 291 22 89 78, Geschäft Tel. 291 28 23 96, www.blandys winelodge.com, Mo–Fr 10–18.30, Sa 10–13 Uhr

⑥ The Ritz Madeira
| Kaffeehaus |

Der amerikanische Textilhändler Christian Ritz eröffnete das Café 1905. Es war jahrzehntelang Treffpunkt der besseren Gesellschaft. Nachdem ein Autohersteller das Gebäude als Ausstellungsraum nutzte, erstrahlt es seit 2011 wieder im altehrwürdigen Glanz mit der restaurierten Originaleinrichtung. Fliesenbilder an der Außenfassade zeigen das ländliche Madeira aus den Anfängen des 20. Jh.: Korbflechter, Stickerinnen, Fischer, Sänftenträger. An den Tischen in der Fußgängerzone lässt sich das Treiben beobachten.

■ Avenida Arriaga 33, Tel. 291 64 41 66, www.theritzmadeira.com, tgl. ab 8.30 Uhr

7 Sé do Funchal

| Kathedrale |

 Außen schlicht, innen lohnt der Blick auf die Holzdecke

Von der Westseite her wirkt die Kathedrale von Funchal gedrungen, wuchtig, abweisend. Den verspielten, sogenannten manuelinischen Stil erkennt man erst auf den zweiten Blick auf der ostseitigen Apsis mit ihren gedrehten Türmen, verzierten Balustraden sowie dem Kreuz des Christusritterordens.

Im Innenraum lohnt die Holzdecke eine genauere Betrachtung. Die geschnitzte Pracht mit Einlegearbeiten aus Elfenbein erkennt man im Dunkeln erst nach einer Weile.

König Manuel I. schenkte Funchal 1485 das Gelände für den Bau der Kirche. 1508 wurde das Gotteshaus von Bischof D. João Lobo geweiht. Aus den Anfangszeiten der Kirche stammen noch das aufwendig verzierte Chorgestühl, das Taufbecken und das Retabel des Hauptaltars mit einem Polyptychon mit zwölf Bildern – es entstand zwischen 1512 und 1517.

■ Rua do Aljube, Tel. 291 22 81 55, www.sefunchal.com, Mo–Fr 9–12 und 16–17.30, Sa 17–19, So 8–10, 11–12

Die Igreja do Colégio von Funchal ist innen prachtvoll verziert

und 17–19 Uhr, Messen Mo–Sa 8, 8.30,
11.15 und 18, So 8, 9, 11, 17 und
18.15 Uhr (während der Messen keine
Besichtigungen)

 Museu A Cidade do Açúcar
| Museum |

Das Zuckermuseum huldigt dem
»Weißen Gold« der damaligen Zeit.
Gezeigt werden Schmuckstücke und
Zuckerhüte. Auf Schautafeln wird die
Zuckerproduktion im Laufe der Jahr-
hunderte erklärt.
■ Praça do Colombo 5, Tel. 291 23 69 10,
Mo–Fr 9.30–17.30 Uhr, 3,86 €, ermäßigt
(Rentner und Kinder) 1,86 €

 Câmara Municipal
| Architektur |

Seit 1883 gehört der Barockpalast aus
dem 18. Jh. der Stadt und dient als
Rathaus. Der Eingangsbereich und der
Innenhof sind mit blau-weißen Fliesen
verziert, die aber jüngeren Datums
sind (1940er-Jahre). Im Innenhof steht
eine Statue von Leda mit Zeus. Zeus ist
der Schwan, der sich an Leda schmiegt.
■ Praça do Municipio, Tel. 291 21 10 33,
Innenhof frei zugänglich

10 **Museu de Arte Sacra**
| Museum |

Das Museum für Kirchenkunst ist im
ehemaligen Bischofspalast aus dem
16. Jh. untergebracht. Ein Teil widmet
sich flämischen Gemälden und Skulpturen des 15. und 16. Jh., eine weitere
Abteilung stellt Kunstwerke aus Portugal aus, die vom 15. bis ins 18. Jh. rei-
chen. Eine Besonderheit ist das Prozes-
sionskreuz, das König Manuel I. der
Kathedrale von Funchal schenkte.
■ Rua do Bispo 21, Tel. 291 22 89 00,
www.museuartesacrafunchal.org, Mo–Fr
10–17, Sa 10–13 Uhr, 3 €

Im Blickpunkt

Manuelinik auf Madeira

Verspielt wirkende Steinmetzarbei-
ten verzieren die Kathedrale und
einige Fensterrahmen in der Stadt.
Sie stammen aus der Regierungszeit von König Manuel I. (1495–
1521), in der Portugal eine wirt-
schaftliche Blüte erlebte. Der König
schuf seinen eigenen Baustil, inspiriert durch die Entdeckung un-
bekannter Länder. Die Manuelinik
orientiert sich an der spätgoti-
schen Architektur, greift aber auch
Elemente der Renaissance auf.
Das Besondere sind dekorative
Elemente aus der Seefahrt wie
Schiffstaue und Armillarsphären.

11 **Igreja do Colégio**
| Kirche |

 *Der prächtigste Kircheninnen-
raum von Madeira*

Die Kirche des ehemaligen Jesuiten-
klosters geht auf das Jahr 1647 zurück.
Die Marmorstatuen am Hauptportal
stellen vier wichtige Heilige des Jesuitenordens dar.
Der Innenraum ist reich verziert, im
typischen Barockstil der Jesuiten. Die
Wandmalereien stammen aus dem 17.
und 18. Jh., die Fliesenbilder der Sakris-
tei aus dem 17. Jh.
Sehenswert ist das Innenportal mit
aufwendigen Schnitzereien aus den
Anfängen des 18. Jh. Ins Auge fällt sofort der prächtige, mit Gold überzoge-
ne Hauptaltar, wo sich auf dem Retabel
die vier Heiligen des Jesuitenordens
vom Hauptportal wiederfinden.
Eine Seitenkapelle ist den angeblichen
Reliquien der heiligen Ursula aus Köln

gewidmet, die aus unerfindlichen Gründen nach Madeira gelangten.

Vom Turm aus ergibt sich ein umfassender Blick über Funchal. Der Aufgang befindet sich hinten links.

◼ Largo do Municipio, Tel. 291 23 35 34, Mo–Fr 10–18, Sa 15–18, So 9–13 und 18.30–20.30 Uhr, Eintritt frei, Turmbesteigung 1 €

⑫ Casa-Museu Frederico de Freitas
| Museum |

Der Anwalt und Notar Dr. Frederico de Freitas (1894–1978) war leidenschaftlicher Sammler. Seine komplette Sammlung und sein Haus vererbte er der Stadt. Zu sehen sind Skulpturen, Gemälde, Zeichnungen sowie Möbel und Porzellan. Sehenswert sind Stiche aus dem 18. und 19. Jh., die Madeira zur damaligen Zeit zeigen.

Ein Besuch im Madeira Story Centre macht nicht nur Kindern Spaß

◼ Calçada de Santa Clara 7, Tel. 291 20 25 70, Di–Sa 10–17.30 Uhr, 3 €, ermäßigt (Kinder und Rentner) 1,50 €

⑬ Quinta das Cruzes
| Park |

Hier soll der erste Legatskapitän von Funchal im 15. Jh. gewohnt haben. Im Wohnhaus zeigt das Museu Quinta das Cruzes alte Möbelstücke, Gold-, Silber- und Porzellankunst.

Im Garten sind zwei manuelinische Fensterrahmen (S. 25) zu sehen, die vom alten Krankenhaus aus dem 16. Jh. stammen. Eine Orchideenabteilung erfreut die Blumenfreunde.

◼ Calçada do Pico 1, Tel. 291 74 06 70, Di–So 10–12.30 und 14–17.30 Uhr, 3 €, Garten tgl. 10–17.30 Uhr, Eintritt frei

⑭ Mercado dos Lavradores
| Markt |

▶2 *Köstliche tropische Früchte in Hülle und Fülle*

Der Bauern- und Arbeitermarkt, der am 1. Dezember 1940 eröffnete, ist das Tor zur Altstadt. Direkt am westlichen Eingang im Erdgeschoss stehen die Blumenverkäuferinnen. Im Innenhof wird Obst und Gemüse angeboten, vieles kennt man von zu Hause, anderes ist exotisch.

Im oberen Stock verteilen sich auf der Galerie ebenfalls Obst- und Gemüsestände. In den beiden parallelen Gängen werden tropische Früchte zum Probieren angeboten.

Die Markthändler haben sich auf Urlauber eingestellt: Die Exoten werden nicht nur frisch verkauft, sondern auch getrocknet, als haltbares Souvenir.

Das Souterrain ist den Fischhändlern vorbehalten. Am häufigsten sieht man den Schwarzen Degenfisch (S. 87); Thunfische, Doraden, Sardinen, Mak-

Die Seilbahn schwebt über die Dächer von Funchal nach Monte

relen, Moränen oder Stockfisch liegen daneben aus.

■ Largo dos Lavradores, www.mercados. cm-funchal.pt, Mo–Do 7–19, Fr 7–20, Sa 7–14 Uhr

15 Madeira Story Centre
| Museum |

Auf spielerische Weise kann man hier durch die Geschichte von Madeira spazieren. Für den Rundgang sollte man ca. 45 Min. einplanen.

■ Rua D. Carlos I 27–29, Tel. 291 63 90 81, www.madeirastorycentre.com, tgl. 9–19 Uhr, 5 €, Kinder 3 €

16 Teleférico
| Seilbahn |

 Schweben über der Stadt mit Blick in die Innenhöfe

Die Seilbahn verbindet Funchal mit Monte. Auf der ca. 15-minütigen Fahrt hat man einen herrlichen Blick über die gesamte Stadt und in die Innenhöfe der Häuser.

■ Campo Almirante Reis, Tel. 291 78 02 88, www.madeiracablecar.com, tgl. 9–17.45 Uhr, Hin- und Rückfahrt 16 €, Kinder (7–14 Jahre) 8 €, Einzelfahrt 11 €, Kinder 5,50 €

17 Quinta da Boa Vista
| Garten |

Das Landgut mit dem Herrenhaus aus dem 17. Jh. gehört der englischen Familie Garton. Betty Garton gründete die Orchideenzucht in den 1960er-Jahren; sie ist die Tochter des in der Züchterszene bekannten Sir William Cooke. Heute leitet dessen Enkel Patrick die Zucht. In einem unscheinbaren Gewächshaus wachsen prachtvolle Raritäten. Im Garten blühen aber auch andere tropische Pflanzen. Auf Bänken unter einem ausladenden Lorbeerbaum wird Tee oder Kaffee serviert.

■ Rua Lombo da Boa Vista, Tel. 291 22 04 68, patrickgarton@hotmail.com, Mo–Sa 9–17 Uhr, 2,50 € (Juni–Jan.), zur Orchideenblüte (Feb.–Mai) 4,50 €

18 Núcleo de Dragoeiros das Neves
| Garten |

In der Parkanlage am östlichen Rand der Stadt wächst eine stattliche Sammlung von Drachenbäumen. Einige sind um die hundert Jahre alt. Zusätzlich gedeihen hier die wichtigsten endemischen Pflanzen.

■ Caminho da Portada, São Gonçalo, Tel. 291 79 51 55, www.ifcn.madeira.gov.pt, Mo–Fr 9–17.30 Uhr, Eintritt frei

 Parken

Parkplatz am Lido, in der Rua Gorgulho, Plan S. 20/21 westl. a5; mit Parkauto-mat am Casino, oberhalb vom Parque Santa Catarina (ca. 0,50 €/Std., Plan S. 20/21 c4). An der Uferstraße gebührenpflichtige Parkplätze (ca. 0,50 €/Std.). **Parkhaus** im Einkaufszentrum La Vie (ca. 0,80 €/Std., Plan S. 20/21 c3), in der Avenida Sá Carneiro zwischen Jachthafen und Kreuzfahrtterminal (ca. 0,80 €/Std., Plan S. 20/21 c4) und in der Nähe der Markthalle (Rua Artur de Sousa Pinga, Einfahrt in der Rua Dom Carlos I, tgl. 6–1 Uhr, 0,60–1,05 €/Std., Plan S. 20/21 e3).

 Restaurants

€ | Londres Das alteingesessene Restaurant serviert einfache Madeira-Küche in großen Portionen. Mittags günstige Tagesgerichte. ■ Rua da Carreira 64A, Tel. 291 23 53 29, Mo–Sa 11.45–15.45 und 18–22 Uhr, Plan S. 20/21 d3

Die Quinta da Boa Vista, ein Landgut aus dem 17. Jh.

ADAC *Mittendrin*

Ein Rückzugsort ist die **Rua Direita**, wo Einheimische in Cafés und Restaurants ihre Mittagspause verbringen, z. B. im Regiões House in der Nr. 23 (Plan S. 20/21 e3).

€ | O Portão Gutbürgerliches kleines Restaurant mit klassischer Küche von Madeira in großen Portionen. Rua Portão de São Tiago, Tel. 291 22 11 25, Di–Sa 12–15 und 17.30–22.30, So 17.30–22.30 Uhr, Plan S. 20/21 f3

€€ | Arsénio Der Schwerpunkt liegt auf Gegrilltem: Fisch, Fleisch, Meeresfrüchte. Abends zwischen 20 und 22 Uhr wird Fado dargeboten. ◾ Rua de Santa Maria 169, Tel. 291 22 40 07, tgl. 12–15 und 18–24 Uhr, Plan S. 20/21 f3

€€ | Dos Combatentes Klassisches Restaurant mit authentischer einheimischer Küche. Meist gut besucht. ◾ Rua de São Francisco 1, Tel. 291 22 13 88, Mo–Sa 11.45–15.30 und 18–22.30 Uhr, Plan S. 20/21 d3

€€ | Marina Terrace Großes Lokal am Jachthafen mit umfangreicher Speisekarte und professionellem Service. Besonders mittags essen hier viele Einheimische. ◾ Marina do Funchal, Tel. 291 23 05 47, www.marinaterrace.pt, tgl. 11–24 Uhr, Plan S. 20/21 d4

€€ | O Dragoeiro Man speist wie in einem tropischen Garten. Die Küche liefert typische Gerichte von Madeira. Ein gutes Preis-Leistungs-Verhältnis hat das dreigängige »Touristenmenü«. ◾ Rua Casa Branca 43, Tel. 291 76 21 77, tgl. 11–24 Uhr, Plan S. 20/21 westl. a5

€€ | O Regional Gehobene einheimische Küche in einem kleinen Altstadthaus. Professionelles Personal. Frischer Fisch liegt in einer Vitrine aus. Bei gutem Wetter stehen Tische draußen.

◾ Rua Dom Carlos I. 54, Tel. 291 23 29 56, www.restauranteoregionalfunchal.com, tgl. 12–23 Uhr, Plan S. 20/21 e3

€€€ | O Barqueiro Ausgewählte Meeresfrüchte haben ihren Preis. Spezialität sind verschiedene Seafoodplatten, mit Schwerpunkt auf Langusten oder Gambas. Das Restaurant liegt am Westrand des Hotelviertels mit Blick auf das Cabo Girão. ◾ Centro Comercial Centro Mar, Rua da Ponta da Cruz, Tel. 291 76 52 26, www.marisqueiraobarqueiro.pt, tgl. 11–23 Uhr, Plan S. 20/21 westl. a5

☕ Cafés

Café do Teatro Tagsüber treffen sich an der Bar die Geschäftsleute, im Innenhof fühlen sich die Kreativen der Stadt wohl und an den Tischen in der Fußgängerzone die Urlauber. ◾ Avenida Arriaga, Ed. Teatro Municipal Baltazar Días, Tel. 291 22 63 71, tgl. 8–1 Uhr, Plan S. 20/21 c3

Loja do Chá In dem heimeligen Teehaus abseits des großen Rummels gibt es eine gute Kuchen- und Teeauswahl. ◾ Rua do Sabão 33–35/Praça do Colombo, Mobil 966 87 18 42, tgl. 9.30–19 Uhr, Plan S. 20/21 d/e3

Padaria Madeirense Günstige Bäckerei mit Cafébetrieb und großer Auswahl. Trotz der zentralen Lage sind die Preise an das Lohnniveau der Einhei-

ADAC *Spartipp*

Die Preisunterschiede in den Restaurants sind groß. Während man abends schnell mal 25 € für ein Menü loswird, sind die Kosten für ein dreigängiges **Mittagsmenü** gering. Zahlreiche Wirte bieten zwischen 12 und 14.30 Uhr den sogenannten »prato do día« an.

mischen angepasst. ■ Rua Doutor Fernão de Ornelas 62, Mo–Sa tagsüber, Plan S. 20/21 e3

Magic Tea House Das Terrassencafé liegt direkt an der Uferpromenade beim Hotel Pestana Grand. Guter Kuchen, typisches Süßgebäck, britische Scones und gute Teeauswahl. ■ Rua Ponta da Cruz 33, tgl. ab ca. 10 Uhr, Plan S. 20/21 westl. a5

Einkaufen

Adegas Pereira d'Oliveira Es handelt sich um einen Zusammenschluss von fünf örtlichen Weinproduzenten, die gemeinsam in einem historischen Gebäude von 1619 ihren Wein vermarkten. Angeschlossen ist eine urige Probierstube. ■ Rua Ferreiros 107, Tel. 291 22 07 84, Mo–Fr 9.30–18, Sa 9.30–13 Uhr, Plan S. 20/21 d3

Bazar do Povo Das Kaufhaus war eines der ersten auf der Insel. Es wurde 1883 eröffnet. Das Ambiente riecht nach Nostalgie. ■ Rua 5 de Outubro 35, Mo–Fr 9–20, Sa 9–18 Uhr, Plan S. 20/21 d3

Casa do Turista Das Souvenirgeschäft existiert schon seit 1954. Im Angebot sind hochwertige Mitbringsel der Insel und Kunsthandwerk aus Portugal. ■ Avenida do Infante 19B, Edifício Astrolab, Tel. 291 23 63 43, Mo–Sa bis ca. 19 Uhr, Plan S. 20/21 c4

Fabrica de Botas de Vilão Hier werden die typischen Lederstiefel hergestellt, wie die Korbschlittenfahrer und traditionelle Landwirte sie tragen. ■ Largo do Corpo Santo 22, Plan S. 20/21 f3

Gaudeamus Der kleine Laden entstand durch eine Initiative der Studenten der Universität Madeira. Es gibt ausgewählte Mitbringsel sowie Bücher und Schreibwaren. ■ Rua dos Ferreiros, Colégio dos Jesuitas, Tel. 291

70 50 60, www.gaudeamus.pt, Mo–Fr 10–18.30, Sa 10–13 Uhr, Plan S. 20/21 d3

La Vie Auf drei Stockwerken verteilen sich in diesem Shoppingcenter zahlreiche Geschäfte für Mode, Brillen, Bücher, Kosmetik und Artikel für den täglichen Bedarf. Cafés und Restaurants sorgen fürs leibliche Wohl. ■ Rua Dr. Brito Câmara, Tel. 291 21 54 20, www.funchal.lavieshopping.pt, tgl. 9–22 Uhr, Parkhaus bis 23 Uhr, Plan S. 20/21 c3

Loja de Artesanato IVBAM In dem offiziellen Geschäft des Instituto do Vinho, do Bordado e do Artesanato da Madeira werden hochwertige Produkte von einheimischen Kunsthandwerkern verkauft. ■ Rua dos Ferreiros 152, Tel. 291 20 46 00, Mo–Fr 10–12.30 und 14–17.30 Uhr, Plan S. 20/21 d2

Patrício e Gouveia Auch wenn die Stickerei in letzter Zeit ein recht verstaubtes Image hat, finden sich hier moderne Arbeiten. Im Obergeschoss kann ein Teil der Produktion besichtigt werden, z. B. die Vorbereitung der Musterschablonen. ■ Rua Visconde Anadia 34, Tel. 291 22 08 01, Mo–Fr 9–13 und 14–18, Sa 9.30–12 Uhr, Plan S. 20/21 e3

Bühne

Teatro Municipal Baltazar Dias Das Gebäude des Stadttheaters stammt aus den letzten Jahren des 19. Jh. Auf dem Programm stehen regelmäßig klassische Orchester, Musicals und Tanzveranstaltungen. ■ Avenida Arriaga, Tel. 291 21 51 30, http://teatro.cm-funchal.pt, Plan S. 20/21 c/d3

The Ritz Dinner Show Jeden Samstagabend findet im Café Ritz eine stilvolle Dinnershow statt. Das Ambiente ist gehoben. ■ Avenida Arriaga 33, Tel. 291 61 02 02, Sa 19.30 Uhr, 39 €, Plan S. 20/21 c/d3

Ausflugsfahrt mit der nachgebauten »Santa Maria« von Kolumbus

Kneipen, Bars und Clubs

Hole in One Klassisches Pub mit lauschigem Garten für ruhigere Stunden. Drinnen ist es laut, aber kommunikativ. Oft treten Bands auf. ■ Estrada Monumental 238A, Tel. 291 76 54 43, tgl. 11–2 Uhr, Plan S. 20/21 westl. a5

Sabor a Fado Authentisch-schummrige Fado-Kneipe mit hochkarätigen Künstlern. Bis 21 Uhr wird gesungen. ■ Travessa das Torres 10, Tel. 291 61 22 59, tgl. 18–24 Uhr, Plan S. 20/21 f3

Vintage Bar Beliebter Club mit Schwerpunkt auf den 1980er- und 90er-Jahren, gelegentlich besinnen sich DJs auf die 70er. Das Publikum ist im Schnitt in den 30ern. ■ Rua de Santa Maria 23, Mobil 914 75 89 75, www.facebook.com/23vintagebar, Mi, Do, So 19–1, Fr, Sa 20–2 Uhr, Plan S. 20/21 e3

Vespasclub Eine der ältesten Discos der Stadt und immer noch angesagt. ■ Avenida Sá Carneiro 7, Tel. 291 23 48 00, www.vespas.pt, Do–So 23–4 Uhr, Plan S. 20/21 c4

Casinos

Casino da Madeira Der Architekt des auffälligen Betongebäudes von 1976 war der Brasilianer Oscar Niemeyer, der Stadtplaner von Brasilia. Das Casino von Madeira ist ein klassisches Haus, in dem angemessene Kleidung erwartet wird. Angeschlossen sind ein Restaurant und eine Diskothek. ■ Avenida do Infante, Tel. 291 14 04 24, www.casinodamadeira.com, tgl. 15–3 Uhr, Plan S. 20/21 b/c4

Kinder

Museu do Brinquedo Das Spielzeugmuseum ist eine private Sammlung mit 20 000 Stücken aus Portugal, England, Frankreich und Deutschland ab dem 19. Jh. ■ Armazém do Mercado, Rua do Hospital Velho 28, Tel. 291 64 06 40, www.armazemdomercado.com, Mo–Sa 10–19 Uhr, 5 €, Kinder 3 €, Familienkarte für zwei Erwachsene und zwei Kinder 12 €, Plan S. 20/21 e3

Zur farbenprächtigen Festa da Flor gehört auch ein Kinderumzug

Santa Maria de Colombo Der Schiffsausflug auf dem originalgetreuen Nachbau der »Santa Maria« von Kolumbus ist nicht nur für Kinder ein Erlebnis. Man bekommt einen Eindruck von den Widrigkeiten, die die Mannschaft Ende des 15. Jh. auf ihrer ungefähr dreimonatigen Seefahrt ertragen musste. Heute ist es ein Vergnügen, die Steilküste vom Meer her zu sehen. Auf dem Schiff befinden sich eine Bar und ein WC. Die Fahrt dauert ca. 3 Std., bei ruhiger See ist eine Badepause eingeplant. ■ Marina do Funchal, Tel. 291 2203 27, www.santamariadecolombo.com, Abfahrten tgl. 10.30 und 15 Uhr, 35 €, Kinder 17,50 €, Plan S. 20/21 d4

 Events

Carnaval Beginn ist am Mittwoch vor Altweiberfasching mit Veranstaltungen auf den Straßen. Der große Umzug im Stil des brasilianischen Karnevals findet am Samstagabend statt, ein Volkskarnevalsumzug am Dienstag.

Festa da Flor Das zweiwöchige Blumenfest beginnt meist zwei bis drei Wochen nach Ostern. Während der ganzen Zeit ist die Stadt mit Blumenarrangements geschmückt. Am ersten Samstag des Festes findet ein Kinderumzug statt; am Rathausplatz wird die »Mauer der Hoffnung« aufgebaut. Höhepunkt ist die große Blumenparade in der Innenstadt. Genaue Termine im Internet (www.visitmadeira.pt).

Dia do Cidade Am 21. August 1508 wurde Funchal von König Manuel I. das Stadtrecht verliehen. Folklore- und Musikgruppen füllen die Straßen. Abends findet ein historischer Umzug statt. Den Abschluss bildet ein großes Feuerwerk am Hafen.

Festa do Vinho Ende August/Anfang September wird der Madeirawein ge feiert. Hauptveranstaltungsort ist die Avenida Arriaga (www.madeirawine festival.com).

Weihnachten Ab dem 6. Dezember durchfluten Lichtinstallationen die Stadt. Am Abend des 23. Dezember füllt sich die Markthalle zur »Noite do Mercado«. Viele Stände bieten das traditionelle Weihnachtsessen »carne de vinho e alhos« an, in Weißwein und Knoblauch eingelegtes Schweinefleisch. Am 25. Dezember hat alles dicht; es verkehren auch keine Busse.

Silvester In der Nacht wird der Stadthimmel von einem der weltweit größten Feuerwerke erleuchtet.

 Erlebnisse

Aeroclube da Madeira Der Fliegerverein der Insel bietet exklusive Rundflüge an: einen kompletten Inselrundflug, über die Bucht von Funchal, nach Porto Santo und zurück oder zu den Ilhas Desertas. Die Preise liegen bei 290–490 € für drei Personen. ■ Rua do Castanheiro, Tel. 291 22 83 11, www.aero clubedamadeira.com, Plan S. 20/21 d3

Bonita da Madeira Stilvolle Segelausfahrten lassen sich mit diesem 23 m langen Holzschiff unternehmen. Es verfügt über 9 Kabinen, einen Salon und Liegemöglichkeiten an Deck. ■ Marina do Funchal, Tel. 291 76 22 18, www.bonita-da-madeira.com, Plan S. 20/21 d4

History Tellers Internationale Studenten der Universität Madeira führen in mehreren Sprachen durch die Stadt. Der Erlös kommt ärmeren Studenten zugute, denen eine warme Mahlzeit und Studienmaterial finanziert wird. ■ La Vie Shopping Centre, Rua Dr. Brito Câmara 9, Piso 1, Tel. 291 70 50 60, www. historytellers.pt, Mo–Fr 10–17 Uhr, 5–10 €, Plan S. 20/21 c3

Mountain Expeditions Abseits der Straßen lässt sich Madeira auf einer Jeep-Safari erleben. Der Veranstalter hat mehrere Touren im Angebot. Tagestouren liegen im Bereich um 45 €. ■ Rua Praia Formosa, Ed. Vista Formosa, Mobil 969 67 76 79, www.mex.pt, Plan S. 20/21 westl. a5

 Sport

Complexo Balnear do Lido Die Badeanlage wurde 2016 renoviert. Es gibt ein Schwimmbecken, große Liegeflächen und Zugang zum Meer. ■ Rua do Gorgulho, Tel. 291 70 69 50, www.frente marfunchal.com, 5 €, Kinder 1,80 €, tgl. 8.30–20 Uhr, Plan S. 20/21 westl. a5

E-Bike-Madeira Verleih von Fahrrädern, vom eleganten Sportgerät bis zum gemütlichen Stadtrad. Große Auswahl an E-Bikes (20 €/Tag). ■ Estrada Monumental 182, Mobil 965 01 06 55, www.ebikemadeira.com, Mo–Fr 9.30–13 und 14.30–18, Sa 10–13 Uhr, Plan S. 20/21 westl. a5

Harmony in Nature Anbieter von Trendsportarten wie Coasteering, Canyoning und auch Klettertouren. Die Preise liegen pro Tour um 60 €. ■ Caminho da Achada, Mobil 969 05 29 58, 967 05 66 00, www.madeira-harmonyin nature.com, Plan S. 20/21 b1

ADAC *Spartipp*

Das Hotelviertel von Funchal liegt ca. 20 km westlich vom Flughafen. Die Fahrt mit dem Taxi kostet um 20 €. Wer nicht viel Gepäck hat, fährt mit dem **Aerobus** der Gesellschaft SAM (www.sam.pt) günstiger. Einfache Fahrt 5 €. Das Hin- und Rückticket ist ein Jahr gültig und beläuft sich auf 8 €.

Scuba Madeira Tauchschule unter deutscher Leitung. Tauchausflüge, Anfänger- und Fortgeschrittenenkurse, Schwimmen mit Delphinen. ■ Rua do Grogulho 17, Hotel Pestana Palms, Tel. 291 70 92 27, www.scuba-madeira.com, Plan S. 20/21 westl. a5

2 Jardim Botânico da Madeira

5 *Pflanzen aus Madeira und der ganzen Welt*

■ Caminho do Meio, Quinta do Bom Sucesso, Funchal, Tel. 291 21 12 00, jardimbotanico.sra@gov-madeira.pt, tgl. außer 25.12. 9–18 Uhr, 5,50 €

Der Garten, den der schottische Hotelier William Reid im 19. Jh. anlegen ließ, liegt auf ca. 300 m Höhe auf abschüssigem Terrain und beherbergt sehenswerte heimische, tropische und subtropische Pflanzen.

Direkt hinter dem Eingang (Portaria) liegt auf der rechten Seite das ehemalige Herrenhaus, wo die Reids bis 1936 wohnten. Es beherbergt heute ein Naturkundemuseum (Museu de História Natural). Gleich anschließend befindet sich eine Orchideenabteilung (Jardim Orquídea). Eine Ebene tiefer liegt die Sukkulentenabteilung mit Kakteen und verschiedenen Aloe-Arten. Es schließt sich eine Galerie an, von der man einen Blick auf die Jardins coreografados hat, wo Kräuter und Stauden so angepflanzt wurden, dass sie das Wort »Jardim Botânico« darstellen. In den tieferen Lagen des Botanischen Gartens ist ein großer Bereich mit Nutzpflanzen (Plantas agro-industriais) angelegt. Auf der untersten Ebene gedeihen hauptsächlich endemische Arten.

Kaum eine Pflanze in den Gärten stammt von Madeira. Schon im 16. Jh. brachten Entdeckungsfahrer Pflanzen aus aller Welt mit. Später gestalteten Briten ihre Gärten mit Exoten. Eine Besonderheit sind die Palmfarne (Cicadales) am unteren Ausgang.

 Verkehrsmittel

Stadtbus Linie 29 (Abfahrt in Funchal: Rua Artur de Sousa Pinga), 30, 31A (Abfahrt in Funchal: Rua Brigadeiro Oudimot/Praça da Autonomía).
Seilbahn nach Monte ■ www.teleferico jardimbotanico.com, Hin- und Rückfahrt 12,50 €, Einzelfahrt 8,25 €

 Parken

Kleiner **Parkplatz** am Haupteingang im Caminho do Meio, größerer an der Seilbahnstation (Teleférico).

 Restaurants

€€ | **Planka** Kleines Restaurant mit Blick über Funchal, das portugiesische und inseltypische Gerichte serviert, meist auf einem temperierten Eichenbrett. ■ Caminho das Voltas 110B/Caminho do Meio, Tel. 291 63 30 08, www.restaurante-planka.com, tgl. 11–22.30 Uhr

3 Monte

In der Kirche liegt der letzte Kaiser von Österreich begraben

Monte liegt in kühlen Regionen auf ca. 600 Höhenmetern. Zentraler Platz ist der Largo da Fonte. Unterhalb erstreckt sich der lauschige Stadtpark. Im 18. und 19. Jh. ließen sich englische Handelsfamilien nieder und errichte-

Im Jardim Tropical Monte Palace erholte sich einst der britische Konsul

ten Villen mit parkähnlichen Gärten. Bis 1942 verband eine Zahnradbahn den Ort mit Funchal. Zu sehen ist davon, bis auf eine Brücke über den Stadtpark, nichts mehr. Die Anbindung an Funchal ist durch Stadtbusse und eine Seilbahn gewährleistet.

 Sehenswert

Jardim Tropical Monte Palace
| Garten |

 Der verspielte Garten gehörte einst zu einem Hotel

Im 18. Jh. erwarb der britische Konsul das Gelände und legte den Grundstein für den prächtigen Garten und das Nobelhotel »Monte Palace Hotel«. 1965 endete der Hotelbetrieb und der Gar-

ten verwilderte. Seit 1987 ist José Berardo, portugiesischer Geschäftsmann, Pflanzensammler und Kunstliebhaber, der Eigentümer.

Im Museu Monte Palace, gleich am Haupteingang, werden eine große Mineraliensammlung sowie afrikanische Kunstwerke gezeigt. Im Garten ließ Berardo heimische und exotische Gewächse pflanzen. Eine Besonderheit ist die Sammlung von ca. 60 Palmfarnarten. Beim Spaziergang durch den Garten passiert man Fliesenbilder, Figuren, Nischen, Wasserläufe und eine nachgebaute Terrakottaarmee. Im Westteil schwimmen Koi-Karpfen in Becken. Am »See« beim ehemaligen Hotel steht die bisher größte auf einer Töpferscheibe gedrehte Kleopatra-Vase. Der sich anschließende »südliche Orientgarten« ist von asiatischen Anlagen inspiriert. Im östlichen Teil des Gartens wächst heimische Flora.

■ Caminho do Monte, Tel. 291 78 08 00, www.montepalace.com, Stadtbuslinien 20 und 21 (Abfahrt in Funchal in der Rua Artur de Sousa Pinga), tgl. 9.30–18, Museum 10–16 Uhr, 25.12. geschl., 12,50 €

ADAC *Wussten Sie schon?*

 Parken

Großer **Parkplatz** an der Straße in Richtung Pico do Arieiro und Terreiro da Luta, von dort ca. 5 Min. Fußweg bis zum zentralen Platz.

 Restaurants

€€ | A Seta Rustikales Restaurant. Hierher kommt man, um »espetada« (traditioneller Rindfleischspieß) zu essen. Es gibt aber auch andere portugiesische Fischgerichte, z. B. Bacalhau (Stockfisch). Mehrmals in der Woche Folkloreabend oder Fado-Konzerte. ■ Estrada do Livramento 90/Caminho da Torrinha, Tel. 291 74 36 43 , Fr–Mi 11–23 Uhr

 Cafés

Café do Parque Einfaches Café am Hauptplatz mit einigen Tischen draußen und Souvenirgeschäft. ■ Largo da Fonte, Tel. 291 78 28 80

 Events

Romeria Nossa Senhora do Monte Die Wallfahrt zur Kirche von Monte findet am 15. August (Mariä Himmelfahrt) statt.

 Erlebnisse

Carreiros do Monte Eine der spektakulärsten Schlittenfahrten der Welt führt von Monte auf steilen Straßen in die Vororte von Funchal hinunter. Einst war der Schlitten öffentliches Verkehrsmittel der Weinhändler. Zwei Schlittenlenker begleiten die Fahrt, wenn nötig, bremsen oder beschleunigen sie. Die Fahrt dauert ca. 10 Min. Am Endpunkt befindet sich eine Bus-

Eine rasante Schlittenfahrt führt von Monte zurück nach Funchal

haltestelle. ■ Caminho de Ferro/Caminho das Babosas, Tel. 291 78 39 19, www.carreirosdomonte.com, Mo–Sa 9–17.45 Uhr, keine Fahrten am 14. und 15. August, am 25. Dez. sowie am 1. Jan., 1 Person 25 €, 2 Personen in einem Schlitten 30 €, Dreierschlitten 45 €

4 Palheiro Gardens

Wildromantischer Garten der englischen Familie Blandy

■ Caminho da Quinta do Palheiro 32, Tel. 291 79 30 44, www.palheirogardens.com, tgl. außer 25. Dez. und 1. Jan., 9–17.30 Uhr, 10,50 €

Der Garten liegt auf ca. 600 m Höhe. Das Klima ist hier kühl und ideal für subtropische Pflanzen. Seit 1885 ist das Gelände im Besitz der Blandys, die sich im 19. Jh. als Weinhändler auf Madeira niederließen. Der Fußweg zum Garten verläuft durch eine Allee von Kamelien, die zwischen November und April in Blüte stehen. Sie endet am viktorianischen Wohnhaus von 1891. Es wird noch von den Besitzern bewohnt und kann daher nicht besichtigt werden. Südlich davon erstreckt sich das Gartengelände mit unterschiedlichen Stilrichtungen. Im Teehaus am unteren Gartenrand lässt sich nobel pausieren.

Verkehrsmittel

Stadtbus Linien 36, 36A, 37, 47 (Abfahrt in Funchal in der Rua Artur de Sousa Pinga).

Parken

Parkplatz am Eingang im Caminho da Quinta do Palheiro.

Schon Winston Churchill entspannte im idyllischen Câmara de Lobos

Cafés

Jasmin Tea House Charmantes Gartenteehaus wenige Meter unterhalb der Levada dos Tornos. Die Kuchen werden selbst gebacken. Der Schwerpunkt bei den Getränken liegt natürlich auf Tee. ■ Caminho dos Pretos, São Gonçalo, Tel. 291 79 27 96, Di–So 10–17 Uhr

5 Câmara de Lobos

Ehemaliger Hauptfischerort von Madeira in einer malerischen Bucht

Der Ort liegt an einer geschützten Bucht, die den Fischern einen sicheren Hafen bietet. Farbenfrohe Holzboote geben ein schönes Fotomotiv ab. Mit den pittoresken, aber nur bedingt hochseetauglichen Booten fahren immer noch Männer nachts zum Degenfischfang aus. Oft hängen Katzenhai und Thunfisch zum Trocknen an Leinen in der Hafenbucht oder liegen auf dem Kiel umgedrehter Fischerboote. Da der Tourismus einträglicher ist als die Fischerei, wurde der Uferbereich komplett saniert, sodass das ehemals arme Dorf über eine Uferpromenade verfügt.

Winston Churchill, der zweimal auf Madeira war, liebte den Ort. Er verbrachte hier seine Mußestunden beim Malen. Am östlichen Ortseingang hat man am Miradouro Winston Churchill den Blick, den der britische Politiker im Januar 1950 auf Leinwand bannte. Das Ölbild »Câmara de Lobos, The Fishing Port of Madeira« hängt heute in Chartwell, Churchills ehemaligem Landsitz (www.nationaltrust.org.uk/chartwell).

Parken

Parkhaus in der Rua do Espirito Santo und an der Praça da Autonomía (Largo de São Sebastião) in der Nähe des Rathauses. **Parkbuchten** in der Rua Dr. Vasco dos Reis Gonçalves (ca. 5 Min. Fußweg zum Hafen).

Restaurants

€€ | Santo António Das urige Lokal ist eine der besten Adressen für »espetada« (traditioneller Fleischspieß). Er wird auf dem Lorbeerholzspieß serviert. Dazu gibt es »milho frito« (gebackenes Maismehl mit Kräutern), Pommes und Salat. ▪ Estrada João Goncalves Zarco 656, Estreito de Câmara de Lobos, Tel. 291 91 03 60, tgl. 12–24 Uhr

€€ | Vila do Peixe Restaurant im Obergeschoss eines Hochhauses mit Blick auf die Hafenbucht. Frischer Fisch kann in einer Vitrine ausgesucht werden. ▪ Rua Dr. João Abel de Freitas, Tel. 291 09 99 09, www.viladopeixe.com, tgl. 12–23 Uhr

 Kneipen, Bars und Clubs

Bar Filhos D'Mar Zünftige Fischerbar, in der sich die Betreiber auf verschiedene Poncha-Varianten spezialisiert haben. ▪ Largo do Poço, Tel. 291 94 39 07, www.facebook.com/filhosdomar

 In der Umgebung

Estreito de Câmara de Lobos
| Dorf |

Mit ca. 10 000 Einwohnern ist Estreito de Câmara de Lobos recht groß. Es liegt abseits der üblichen Touristenrouten auf rund 500 m Höhe. Die Einheimischen sind unter sich. Alle Hänge um den Ort sind terrassiert. Auf den Feldern an den Steilhängen wachsen im unteren Bereich vorwiegend Reben, in höheren Lagen Obstbäume. Sonntags findet ein uriger Bauernmarkt statt.

Die schmale Regionalstraße ER 231 windet sich steil weiter nach oben in den Weiler Jardim da Serra, das Zent-

ADAC Mobil

Um sich einen ersten Überblick über Câmara de Lobos zu verschaffen und nicht auf Parkplatzsuche gehen zu müssen, eignet sich der **Sightseeing-Bus.** Die Hop-on/Hop-off-Bustour Red Route startet alle 20 Min. in Funchal an der Avenida do Mar, Câmara de Lobos ist Haltestelle Nr. 19.
www.city-sightseeing.com, tgl. 9.30–17 Uhr, außer 4. Dez.–15. Jan., 17 €

rum des Kirschanbaus. Bis auf 1000 m Höhe wachsen Kirschbäume. Während in den tiefen Lagen die Bäume schon Früchte tragen, stehen sie auf den oberen Feldterrassen noch in Blüte. Steiler hinauf geht es auf der Estrada da Corrida zum Aussichtspunkt Boca da Corrida, von wo der Blick ins tiefe Tal von Curral das Freiras fällt.

6 Cabo Girão

 580 m senkrecht abfallende Steilküste mit Skywalk

▪ Estrada do Cabo Girão, Câmara de Lobos, www.vistimadeira.pt, tgl. 8–19 Uhr, im Sommer 8–21 Uhr, 1,50 €

Das Cabo Girão ist eine der höchsten Steilklippen von Europa. 580 m senkrechte Wand liegen unterhalb einer Glasplatte. Weit schweift der Blick nach Funchal und Câmara de Lobos, während in der Tiefe die Brandung tost. Der eigentliche Aussichtspunkt mit Skywalk kostet Eintritt, ein vorgelagertes Café und Souvenirgeschäfte sind frei zugänglich.

Cabo Girão bedeutet »Kap der Umkehr«. Laut einer Legende sollen die

Portugiesen bei einer ersten Erkundung an dieser Stelle angesichts der Steilheit auf dem Absatz kehrtgemacht haben.

Verkehrsmittel

Bus Rodoeste-Linien 7 und 154, Haltestelle in Funchal an der Avenida do Mar zwischen Rua do Esmeraldo und Rua dos Capelistas.

Parken

Großer **Parkplatz** am Ortseingang.

Restaurants

€€ | **Miradouro Cruz da Caldeira** Restaurant mit Aussicht auf die Bucht von Câmara de Lobos und Funchal. Gute Adresse für Fleischliebhaber. ■ Estrada João Gonçalves Zarco 665, Tel. 291 94 33 49, tgl. 8–23 Uhr

7 Curral das Freiras
Nonnental

Abgelegenes kleines Dorf vor einer gewaltigen Felskulisse

Information

■ Posto de Informação Turística, Estrada Cónego Camacha (Agência Banif), 9030-319 Curral das Freiras, Tel. 291 72 11 83, unregelmäßige Öffnungszeiten

Das Dorf versteckt sich unter steilen Felsflanken. Die Häuser verteilen sich auf Höhen zwischen 400 und 700 m.

Das abgeschiedene Curral das Freiras (Nonnental) schmiegt sich an steil aufragende Felswände

Lange Zeit war Curral das Freiras nur zu Fuß, dann über eine abenteuerliche Bergstraße aus den 1950er-Jahren zu erreichen. Heute erschließt ein 2,7 km langer Tunnel das Tal.

Die hohen Berge schirmen das Tal vor kalten Winden ab. Die Landwirtschaft spielt bis heute eine große Rolle. Obst und Gemüse werden mühsam auf kleinen Feldterrassen angebaut. In den höheren Lagen wachsen Edelkastanienwälder. Aus den Maroni werden allerlei Spezialitäten hergestellt: Kuchen, Suppen, Liköre.

Curral das Freiras heißt wörtlich übersetzt »Stall der Nonnen«. Das Tal war die Mitgift für die Töchter des zweiten Legatskapitäns von Funchal, als sie in das dortige Kloster Santa Clara eintraten. Die Bewohner hielten Vieh für das Kloster in Funchal. Bei Piratenüberfällen auf Funchal zogen sich die Nonnen in ihr Tal zurück.

Zentrale Anlaufstelle ist das Zentrum bei der Kirche. Hier befinden sich Restaurants, Souvenirgeschäfte und Cafés.

Verkehrsmittel

Bus Linie 81 von Horários do Funchal, Abfahrten in Funchal: Seilbahnstation, Palácio São Lourenço, Casino, Hotel Savoy. ■ www.horariosdofunchal.pt

Parken

Parkhaus unterhalb des zentralen Platzes bei der Touristeninformation.

Restaurants

⑥ €€ | **Sabores do Curral** Schöne Lage und gemütliche Terrasse über dem Tal. Serviert werden die Spezialitäten des Ortes. Sonntags gibt es

ADAC *Mittendrin*

Die **Snack Bar O Lagar** im Ortsteil Fajã Escura von Curral das Freiras ist Supermarkt, Bar und Wohnzimmer der Einwohner des abgelegenen Ortsteils. Gabriel, der Wirt, produziert Honig und grillt würzige Hähnchen und natürlich den klassischen Rindfleischspieß.
Sítio da Fajã Escura, Tel. 291 71 25 20, tgl. 8–22 Uhr

ein günstiges Buffet. ■ Caminho da Pedra, Tel. 291 71 22 57, Di–So 9–18 Uhr

Events

Festa da Castanha Am 31. Oktober und vor allem am 1. November füllt sich der Ort mit Besuchern aus allen Teilen der Insel, die hier die Kastanienspezialitäten des Tals genießen möchten.

In der Umgebung

Eira do Serrado
| Aussichtspunkt |

 Tiefblicke in den Kessel von Curral das Freiras

Der Aussichtspunkt liegt auf ca. 1050 m Höhe. Die Wand hinter dem soliden Geländer bricht mehrere hundert Meter senkrecht ab. Tief unten schmiegt sich Curral das Freiras an die Hänge, nach Norden fällt der Blick auf den Hauptkamm, in nordwestlicher Richtung erhebt sich der 1654 m hohe Pico Grande mit seinem schachturmartigen Gipfelaufbau, und rundum stürzen begrünte Steilflanken ins Tal.
Der Aussichtspunkt liegt an der alten Straße nach Curral das Freiras. Direkt vor dem Tunnel nach Curral das Freiras zweigt die Zufahrtsstraße ab.

Vom großen Parkplatz am Hotel Eira do Serrado mit Souvenirgeschäft und Café führt ein rund zehnminütiger Fußweg zum eigentlichen Aussichtspunkt. Es empfiehlt sich, früh oder erst am späten Nachmittag zu kommen. Dann herrscht weniger Andrang.
■ Estrada da Eira do Serrado

8 Camacha

Aus Camacha kommen die Korbmöbel aus Weidengeflecht

Camacha liegt auf etwa 700 m Höhe. Das Klima ist kühl. Zentraler Platz ist der Largo Conselheiro Aires de Ornelas, von den Einheimischen Largo da Achada genannt, an dem auch das Korbflechterzentrum angesiedelt ist.
Ab dem 18. Jh. bauten britische Weinhändler hier ihre Sommervillen. Als der Weinhandel zum Erliegen kam, forcierten sie auf Initiative von Harry Hinton die Korbflechterei. Bis weit ins 20. Jh. lebte der Ort von der Flechtkunst, bis Industrieware den Erlös schmälerte. Hotelbesitzer und Familien, die Wert auf Stil und lokale Produkte legen, kaufen aber weiterhin in Camacha ein.

Sehenswert

Café Relógio
| Korbwarengeschäft |

 Kleine und große Kunstwerke aus Weide

Das Gebäude mit dem auffallenden Uhrturm am Hauptplatz ist das Korbflechterzentrum. Der englische Arzt und Naturforscher Dr. Michael Grabham ließ auf seinem Landgut 1896 einen Turm errichten und stattete ihn mit einer Uhr und dem dazugehörigen

Uhrwerk aus Liverpool aus. Erst später kamen das Gebäude und ein Café dazu. Gleich hinter dem Eingang liegen die Verkaufsräume. Von Souvenirs bis zu großen Möbelstücken ist hier alles zu bekommen. Die Stücke sind komplette Handarbeit, haben ihren Preis – und auch entsprechend gute Qualität.

Im ersten Untergeschoss befindet sich ein Museum mit skurrilen Werken aus Weide: Elefanten, Affen, Giraffen, Hühner, Hunde und anderes Getier. Noch ein Stockwerk tiefer kann man den Arbeitern beim Flechten zuschauen.

■ Largo Conselheiro Aires de Ornelas 12, Tel. 291 92 27 77, www.caferelogio.com, tgl. 9–19 Uhr

 Verkehrsmittel

Bus Linie 129 von Horários do Funchal, Abfahrten in Funchal an der Seilbahnstation nach Monte. ■ www.horarios dofunchal.pt

 Parken

Gebührenpflichtige **Parkplätze** mit Parkautomat am zentralen Platz (ca. 0,50 €/Std.). Ansonsten gibt es meist genügend Plätze in den Seitenstraßen.

 Restaurants

€€ | Abrigo do Pastor »Schutzhütte der Hirten« – der Name ist Programm. Serviert wird Deftiges: Lamm, Kaninchen, Spanferkel und der typische Rindfleischspieß. Das Restaurant liegt ca. 6 km außerhalb an der Straße ER 203 zum Poiso-Pass. ■ Estrada das Carreiras 209 (ER 203), Tel. 291 92 20 60, www.abrigodopastor.com, Mi–Mo 10–23 Uhr

Die Korbflechterei hat in Camacha eine lange Tradition

9 Santo António da Serra

Bergdorf mit Golfplatz und einem urigen Sonntagsmarkt

Santo da Serra, wie es kurz genannt wird, liegt auf 600 m Höhe. Häufig zieht der Nebel durch die Straßen, was der üppigen Vegetation in den parkähnlichen Gärten zugutekommt.

Besonders am Sonntag zum Markttag füllt sich das Dorf mit Bewohnern aus der Umgebung, aber auch mit Tagesausflüglern und Busgesellschaften. Trotz der Besuchermassen ist der Bauernmarkt authentisch-urig. Als edlen Gegenpol gibt es Reitställe und einen Golfplatz – den ersten auf der Insel –, der 1937 eröffnet wurde. Reiche Briten richteten sich hier wegen des kühlen Klimas Sommerresidenzen ein.

Sehenswert

Quinta do Santo da Serra
| Park |

Das Herrenhaus mit Park (Jardim da Quinta da Junta) ließ die britische Weinhändlerfamilie Blandy Ende des 19. Jh. bauen. Seit 1975 sind Park und Haus im Besitz der Regierung. Der Park ist frei zugänglich, das Haus nicht.

Das Klima eignet sich besonders gut für Rhododendren, Azaleen und Kamelien. In den ehemaligen Ställen ist ein kleiner Zoo untergebracht. Das Gelände ist von gemütlichen Spazierwegen und wilden Pfaden durchzogen.

Am Nordrand, dem tiefsten Teil des Parks, erlaubt der Miradouro dos Ingleses einen Blick auf die Halbinsel Ponta de São Lourenço.

■ Antigua ER 207/ER 225, tgl. bis Sonnenuntergang, Eintritt frei

Der Ferienort Caniço lockt viele ausländische Urlauber an

Gefällt Ihnen das?

Quintas sind Herrenhäuser. Das ehemalige **Herrenhaus des Hoteliers Reid** im Botanischen Garten (S. 34) beherbergt heute ein kleines Naturkundemuseum, und in der **Quinta das Cruzes** in Funchal (S. 26) sind alte Einrichtungsgegenstände zu bewundern.

Mercado de Domingo

| Markt |

Der Bauernmarkt am Sonntag ist urig: An den Ständen türmen sich die Produkte der Umgebung, blubbern Eintöpfe, über dem Feuer drehen sich Hähnchen, und fahrende Bäcker preisen ihr Bolo do Caco (Fladenbrot) an. Inzwischen haben Reiseagenturen den Markt entdeckt, aber am deftigen Essen erfreuen sich vor allem die Einheimischen. Am frühen Mittag ist hier stets am meisten los.

■ Parque das Feiras

 Parken

Großer **Parkplatz** hinter der Kirche.

 Restaurants

€€ | **Casa dos Cavalos** Apartes Restaurant mit Pferdestall. Es wird gehobene portugiesische Küche kredenzt. Das Restaurant liegt ca. 1,5 km außerhalb an der Straße nach Água da Pena.
■ Sítio da Lagoa/ER 207, Tel. 291 55 20 55, www.quintadesaojorge.com, wechselnde Öffnungszeiten

 Events

Mostra da Sidra Santo da Serra ist für fruchtigen Apfelwein bekannt. In der zweiten Septemberhälfte feiert das Dorf den vergorenen Apfelsaft. Genauer Termin unter www.visitmadeira.pt. In jeder Bar des Dorfes wird er auch das ganze Jahr über ausgeschenkt.

10 Caniço

Wachsender Ferienort an der sonnigen und trockenen Südostküste

Caniço ist zweigeteilt. Der obere Ortsteil, Caniço Centro, ist das eigentliche Zentrum mit Kirche, Restaurants und guten Einkaufsmöglichkeiten. Unten am Meer erstreckt sich der Ferienort Caniço de Baixo mit den meisten Hotels, Apartments und Ferienwohnungen von Ausländern. An seinem Ostrand liegt am Kiesstrand Praia dos Reis Magos, eine kleine Fischersiedlung. Hier baden im Sommer die Einheimischen. Urlauber bevorzugen die Felsbadeanlagen der Hotels Lido Galomar und Roca Mar. Wer nicht in den Hotels wohnt, kann dort gegen Gebühr einen Tag am Meer verbringen.
Aufgrund des trockenen Klimas war Caniço lange ein armer Bauernort, wo nur Zwiebeln gediehen. Erst in den 1970er-Jahren wagten sich die ersten Pioniere des Tourismus in den Ort und verhalfen ihm zu wirtschaftlichem Aufschwung.
Mitte August zeigen die Köche der örtlichen Restaurants bei der Festa Gastronómica, was sie können. Die Stände befinden sich um den zentralen Dorfplatz.

 Verkehrsmittel

Bus Regelmäßige Verbindungen der Gesellschaft EACL nach Funchal im 30-Min.-Takt. ■ www.eacl.pt

Parken

Parkhaus in Caniço Centro, Estrada da Ponta da Oliveira 14, gegenüber dem Hotel Quinta Splendida.

Parkbuchten an der Praia dos Reis Magos, am Ostrand von Caniço de Baixo, und in den Seitenstraßen.

 Restaurants

€€ | Café Rustico – Klenks Cafe Seit 1993 unter der Leitung eines deutsch-portugiesischen Paares. Inzwischen kocht einer der Söhne mit. Es gibt deftige Speisen, große Portionen für den deutschen und einheimischen Geschmack. ■ Estrada Ponta de Oliveira 57, Tel. 291 93 43 16, www.madeira-cafe rustico.com, Di geschl.

€€ | Vila Ventura Garden Grill Gemütliches Gartenrestaurant. Gute Grillgerichte (Fisch und Fleisch), die alle über Holzkohle gegart werden. ■ Caminho Cais da Oliveira, Caniço de Baixo, Tel. 291 93 46 11, www.vila-ventura.com, tgl.

 Kneipen, Bars und Clubs

Capoeira Bar Cocktailbar, in der es auch Kleinigkeiten zu essen gibt. Schöne Lage direkt über der Küste. Sonntags Fado-Abende. ■ Rua Baden Powell, Tel. 291 93 09 30, tgl. 12–24 Uhr

 Events

Festa da Cebola Im Mai feiert das Dorf die Zwiebel. Bevor der Tourismus zum wichtigsten Standbein der Gemeinde wurde, verdienten die Bewohner ihren Lebensunterhalt mit Zwiebelanbau. Genauer Termin: www.jf-canico.pt.

Festa Gastronómica Mitte Aug. zeigen die örtlichen Köche, was sie können.

 Sport

Albano Aktiv Das engagierte Team um Albano organisiert einfache bis anspruchsvolle Mountainbike-Touren und Tagesfahrten. Auch mit E-Bikes. Mit eigener Werkstatt. Albano ist in Deutschland aufgewachsen. ■ Caminho Cais da Oliveira 11A, Tel. 291 09 94 60, Mobil 966 75 47 84, www.bikestation-madeira.com, Mo, Mi, Fr 9–12 und 16–19, Di, Do, Sa und So 16–19 Uhr

Atalaia Diving Center Die seit 1988 etablierte Tauchschule unter deutscher Leitung wird inzwischen in zweiter Generation vom Sohn des Gründers geführt. Tauchausbildungen für Anfänger bis Fortgeschrittene, Ausfahrten und Ausflüge. Schnuppertauchkurse kosten um 60 €. ■ Caminho Cais da Oliveira, unterhalb des Hotels Rocamar, Tel. 291 93 43 30, www.atalaia-madeira.com, Fr–Mi 9–17 Uhr

⑧ Lokoloko Umfangreiches Angebot an Outdoor-Aktivitäten wie Mountainbiken, Canyoning, Jeep-Touren, Wanderungen, Ausritte und Ausflüge. Zudem alles, was mit dem Meer zu tun hat: Schnorcheln, Wal- und Delphinbeobachtungen, Tauchen, Bootsausflüge. ■ Rua Baden Powell (im Hotel Galomar), Tel. 291 93 91 91, Mobil 969 570 780, www.lokolokomadeira.com

 Wandern

Madeira Wandern mit Christa Die Österreicherin Christa Dornfeld-Bretterbauer gehört zu den Urgesteinen auf Madeira. Mit einem eifrigen Team bietet sie Tageswanderungen und komplette Reisepakete an. Eine Spezialität ist Yoga und Wandern. ■ Rua Dom Francisco Santana 48, Mobil 915 69 32 05, www.madeirawandern.com

Entspannung

Ayurveda Cure Centre Im Ayurveda-Zentrum des Hotels Alpina Atlântico können auch auswärtige Gäste Yoga, Qigong und Massagen buchen. ■ Estrada Avelino Pinto, Tel. 291 93 09 48, www.galoresort.com

 In der Umgebung

Cristo Rei

| Aussichtspunkt |

Im Ortsteil Garajau, westlich von Caniço de Baixo, breitet eine Christusfigur die Arme aus. Mit Sockel ist sie ca. 15 m hoch. Sie steht auf der Felsnase Ponta do Garajau, die 120 m senkrecht ins Meer fällt. Der Blick reicht bis in die Bucht von Funchal. Bis 1770 bekamen verstorbene nicht katholische Christen von hier aus eine Seebestattung, da es bis dahin verboten war, sie auf der Insel zu begraben. Das betraf vor allem die protestantischen Briten. ■ Sítio do Garajau

11 Santa Cruz

Kleinstadt mit malerischem Ortskern und langer Geschichte

Santa Cruz gehört zu den ältesten Gemeinden der Insel und hat sich einen altertümlichen Charme bewahrt. In den sorgfältig gepflasterten Gassen liegen einfache Bars und Cafés, in denen die Einheimischen meist unter sich bleiben. Gern wird auch an der Uferpromenade flaniert.

 Parken

Parkhaus im Einkaufszentrum am westlichen Kreisverkehr, in der Avenida 25 de Junho, **Parkplätze** in der Rua da Calçada und der Rua do Bom Jesús; beide nördlich der Schnellstraße.

Eine 15 m hohe Christusfigur krönt die Felsnase Ponta do Garajau

 Restaurants

€ | Snack Bar O Professor Der Name Snack Bar täuscht: Es gibt ehrliche einheimische Haumannskost. ■ Rua da Ponta Nova, Tel. 291 63 36 58, wechselnde Öffnungszeiten

 Kinder

Aquaparque Große Badeanlage für die ganze Familie mit Rutschen, Tobogganbahnen und zwei Pools (einer nur für Kinder). ■ Ribeira da Boaventura, Tel. 291 63 44 08, Juni–Sept. tgl. 10–20 Uhr, 8 €, Kinder 4 €

12 Machico

Die älteste Siedlung auf Madeira, mit ursprünglicher Altstadt

Die Igreja de Nossa Senhora in Machico stammt aus der Mitte des 15. Jh.

ℹ️ Information

▨ Posto de Turismo – Aeroporto, Flugha-fen Madeira, Ankunftshalle, Santa Catari-na de Baixo, Santa Cruz, Tel. 291 52 49 33, www.cm-machico.pt, www.visitmadeira.pt, tgl. 9–21.30 Uhr, 25. Dez. geschl.
▨ Parken: siehe S. 51

Machico ist die älteste Stadt der Insel. Heute ist sie eine beschauliche Klein-stadt mit rund 12 000 Einwohnern.
Die ersten Siedler landeten zu Beginn des 15. Jh. mit Tristão Vaz Teixeira und João Gonçalves Zarco in der sicheren Hafenbucht. Für großen Reichtum sorgte anfangs der Anbau von Zucker-rohr, weshalb König Alfons V. Machico 1450 Stadtrechte verlieh. Erster Lehns-herr von Machico wurde Tristão Vaz Teixeira, dem vor der Pfarrkirche ein Denkmal gesetzt wurde (Zarco bekam den Westteil mit Funchal zugespro-chen). Bis 1497 war Machico Haupt-stadt des östlichen und nordöstlichen Teils von Madeira, bis der König Jo-hann II. Funchal zur alleinigen Haupt-stadt der Insel erklärte.
Am östlichen Ufer des Flusses Ribeira do Machico liegt um den Platz Largo dos Milagres mit der gleichnamigen Kapelle das ehemalige Fischerviertel. Noch heute finden sich die Fischer des Ortes nach getaner Arbeit in den

Plan
S. 50

am östlichen Ende, wo besonders in den Sommermonaten reger Badebetrieb herrscht.

 Sehenswert

① Igreja de Nossa Senhora da Conceição

| Kirche |

Die Pfarrkirche der Gemeinde geht auf das Jahr 1440 zurück, als die Familie von Tristão Vaz Teixeira sie errichten ließ. Das Portal stammt aus dieser Zeit und dürfte das älteste bestehende Bauteil der Insel sein. Die drei hellen Marmorsäulen kamen um das Jahr 1500 dazu, sie sind ein Geschenk von König Manuel I. Ansonsten zeigt die Kirche im Inneren barocke und manieristische Stile. Auf dem Altar thront die Empfängnismadonna, der die Kirche geweiht ist.

■ Largo Dr. António Jardim d'Oliveira, tgl. 9–19.30 Uhr

② Capela do Senhor dos Milagres

| Kirche |

Die kleine Kapelle im Fischerviertel, auf der Ostseite der Ribeira do Machico, geht auf das Jahr 1420 zurück. Sie wurde noch vor der Pfarrkirche errichtet. Ein Unwetter im Jahr 1803, gefolgt von einer verheerenden Überschwemmung (S. 52), zerstörte sie fast vollständig. Die Ribeira do Machico trat dabei über die Ufer und schwemmte eine Christusfigur aus dem 15. Jh. ins Meer. Ein amerikanischer Seemann soll sie gefunden und zurückgebracht haben. Die Christusfigur ist das älteste

umliegenden Cafés zum Kartenspielen und Plaudern ein. Zeichen der modernen Zeiten ist ein schicker Jachthafen mit Bar in der Bucht östlich des Flusses.

Westlich der Ribeira do Machico erstreckt sich das historische Verwaltungszentrum mit Pfarrkirche.

Die schmalen gepflasterten Gassen laden zum Schlendern entlang Cafés und kleinen Geschäften ein. Einheimische flanieren gern am Wochenende über die moderne Uferpromenade und verbringen den Freitag- und Samstagabend am Jachthafen. Die Promenade zieht sich durch die Bucht bis zum aufgeschütteten Sandstrand

an. Erst Anfang des 18. Jh. ließen die Stadtoberen Machico befestigen. Das Fort im zentralen Bereich der Bucht hat einen dreieckigen Grundriss mit einem Winkel zum Meer hin, zur besseren Verteidigung.

■ Largo Dr. José António d'Almada/Rua do Mercado/Alameda dos Plátanos, keine geregelten Öffnungszeiten

Heiligenbildnis der Insel und ist im Hochaltar zu sehen. Vom Originalbau ist nur das Portal erhalten. Es ist von Kreuzen des Christusritterordens, der die Kapelle erbaute, gesäumt. Laut einer Legende soll vor der offiziellen Entdeckung Madeiras ein schottisch-englisches Liebespaar auf der Insel gestrandet sein. Die adelige Anne Dorset und der Kapitän Robert Machim hatten aus England fliehen müssen, da ihre Eltern die Verbindung missbilligten. Ein Sturm trieb die beiden auf die unbewohnte Insel, wo sie aus Kummer und Gram starben. Bei Grabungen unter der Capela dos Milagres fand man ein Holzkreuz. Vermutlich stand es auf dem Grab des Paares. Eine Nachbildung ist im Museum Solar do Ribeirinho ausgestellt.

■ Largo dos Milagres, meist offen

❹ Solar do Ribeirinho

| Museum |

Das städtische Museum ist in einem Herrenhaus aus dem 17. Jh. untergebracht. Es befasst sich mit der Geschichte der Stadt seit der ersten Besiedlung. Wichtige Ausstellungsstücke sind Fliesen, Wappen und Formen für Zuckerhüte.

■ Rua do Ribeirinho 15, Tel. 291 96 41 18, Di–Fr 10–12.30 und 14–17.30 Uhr, 1,50 €

❸ Forte de Nossa Senhora do Amparo

| Festungsanlage |

Der Reichtum der Stadt durch Zucker zog im Laufe der Jahrhunderte Piraten

❺ Miradouro Francisco Álvares de Nóbrega

| Aussichtspunkt |

Auf dem westlichen Bergrücken oberhalb der Stadt liegt eine Aussichtsplattform, von der aus man Bucht, Hinterland und Ponta de São Lourenço überblicken kann. Der Aussichtspunkt liegt an der Regionalstraße ER 224, er ist über einen alten Pflasterweg von Machico aus in ca. 15 Min. zu erreichen. Der Einstieg befindet sich am großen Parkplatz oberhalb des markanten Hotels Dom Pedro Baía Club.

Verkehrsmittel

Bus Zentraler Busbahnhof im Caminho da Ribeira, Ecke Caminho do Engenho beim Continente-Supermarkt. ■ www.sam.pt, Plan S. 50 nördl. a1

Parken

Parkhaus im Fórum Machico, Rua do Ribeirinho (Plan S. 50 b2); **Parkbuchten** in der Rua General António Teixei-

ra de Aguiar am nordöstlichen Ende der Uferpromenade (Plan S. 50 b1) und in der Rua do Leiria am Jachthafen (Plan S. 50 b/c1).

Restaurants

€€ | **Maré Alta** Restaurant mit Glaswänden an der Uferpromenade. Solide Fischgerichte mit Aussicht. ■ Largo da Praça, Tel. 291 60 71 26, tgl. 11–23 Uhr, Plan S. 50 b1

(9) €€ | **Marisqueira O Pescador** Großes Lokal, das sich auf Fisch und Meeresfrüchte spezialisiert hat. Die frischen Zutaten aus dem Atlantik liegen in einer Vitrine aus. Am Wochenende essen hier gern einheimische Familien. Im Untergeschoss ist eine urige Weinbar. ■ Rua do Leiria/Rua da Estaca, Tel. 291 96 60 46, tgl. 12–23 Uhr, Plan S. 50 b1

Am Sandstrand in der Bucht von Machico vergnügen sich die Badegäste

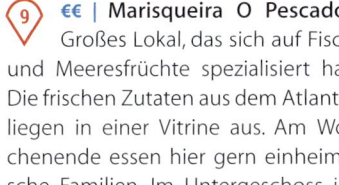

Events

Festa do Santíssimo Sacramento e dos Fachos Am letzten Augustwochenende werden im Rahmen des Festes zum Allerheiligsten Sakrament sogenannte »fachos« an den Berghängen und in den Tälern aufgehängt und beleuchtet. Dabei handelt es sich um Figuren, Schiffsmodelle, Kreuze und Kränze. Sie symbolisieren die Leuchtfeuer (»facho«), die früher die Bevölkerung vor Piratenüberfällen warnten.

Festa do Senhor dos Milagres Das Fest am Abend des 8. Oktober mit einer düsteren Prozession zur Hauptkirche erinnert an den großen Erdrutsch vom 9. Oktober 1803, bei dem das Bildnis des »Herrn der Wunder« ins Meer gespült wurde und drei Tage später wieder auftauchte. Seit 1813 befindet sich die Figur in der Capela do Senhor dos Milagres.

Mercado Quinhentista Meist findet am ersten Juniwochenende ein Mittelaltermarkt mit Umzug und Theateraufführungen statt, die die Entdeckerzeiten zum Thema haben. ■ www.mercadoquinhentista.com

 In der Umgebung

Pico do Facho
| Aussichtspunkt |
Der Name des Bergs östlich der Stadt geht auf die Fackeln zurück, die in früheren Zeiten als Warnung vor Piraten entzündet wurden. Von einem terrassenförmig angelegten Aussichtspunkt sieht man die Landebahn des Flughafens, den einstigen Walfängerort Caniçal und die Ponta de São Lourenço.
■ ER 214 (Machico–Caniçal)

Im Museu da Baleia von Caniçal dreht sich alles um Wale

ADAC *Mittendrin*

Miradouro da Portela

| Aussichtspunkt |

Der Pass liegt auf 600 m Höhe. An den Flanken in Richtung Machico und Porto da Cruz gedeiht in ungewöhn-lich tiefen Lagen Lorbeerwald. Passat-nebel, der hier häufig über die Kuppen zieht, sorgt für Feuchtigkeit. Vom Pass aus überblickt man die grüne und ur-sprüngliche Nordseite. Auf dem aus-geschilderten Wanderweg nach Ma-roços lohnt ein kleiner Spaziergang hin und zurück.

■ ER 110/ER 212

13 Caniçal

Ehemaliger Hauptort des Walfangs mit Walmuseum und urigen Fischerkneipen

Im trockenen Osten war Caniçal lange Zeit ein Ort, in dem es sich schwer überleben ließ. Wirtschaftlich besser ging es den Bewohnern erst ab den 1940er-Jahren, als sich ein großes Walfangunternehmen ansiedelte. Der Aufschwung dauerte allerdings nur bis 1986, als die Internationale Wal-fangkommission (IWC) den kommer-ziellen Walfang verbot. Von 1940 bis 1981 fielen ca. 6000 Wale den Jägern zum Opfer.

Die heutigen Fischer haben sich auf Thunfisch spezialisiert. Sie angeln ihn nach alter Manier. Schleppnetze wer-den nicht verwendet.

Großes Einkommen und mehr Ar-beitsplätze bieten jedoch der Con-tainer- und Frachthafen sowie die Freihandelszone östlich des Ortes. In Caniçal selbst bekommt der Besucher von dem geschäftigen Treiben aller-dings wenig mit. Der Fischereihafen verströmt noch einen altertümlich-ursprünglichen Charme, und in den Restaurants an der Uferstraße lässt sich günstig guter Fisch essen. Beson-

Im Blickpunkt

Walfang »von Hand«

Walfang war bis Anfang der 1980er-Jahre, als er auch in Portu-gal verboten wurde, auf Madeira eine archaische Angelegenheit. Mit schmalen Holzbooten fuhren die Jäger aus und schleuderten die Harpune »von Hand«. An ihren Fangmethoden hatte sich über die Jahrzehnte nichts geändert, daher konnte die Ausfahrt einen töd-lichen Ausgang nehmen. Die Wal-fänger mussten näher an das Tier heran als ein modernes Schiff, auf dem mit Kanonen harpuniert wird. Eine besondere Gefahr stellte die Fangleine dar: Tauchte der getroffe-ne Wal ab, galt es aufzupassen, dass sich niemand im Seil verheddert.

ders quirlig geht es zu, wenn die Thunfischfischer anlanden. Häufig kommen die Köche aus den Restaurants und kaufen den Fisch direkt vom Boot.

 Sehenswert

Museu da Baleia
| Museum |

 Den klugen Meeresriesen gewidmet

Das Walmuseum liegt in einem modernen Gebäude am Westrand von Caniçal. Die ständige Ausstellung verteilt sich auf 1000 m². Themen sind der Walfang und die verschiedenen Meeressäuger, die rund um Madeira vorkommen. Zu bewundern sind zwei Walmodelle in Originalgröße und alte Walfangboote. Das Museum ist auch an diversen Forschungsprojekten über Wale und Delphine beteiligt.
■ Rua Garcia Moniz 1, Tel. 291 96 18 58, www.museudabaleia.org, Di–So 10.30–18 Uhr, letzter Einlass um 16.30 Uhr, Weihnachten und 1. Jan. geschl., 10 €, Kinder 5 €

Prainha
| Strand |
Einer der wenigen natürlichen Sandstrände der Insel liegt auf dem Weg von Caniçal zur Ponta de São Lourenço. Der Sand ist zermalmtes Vulkangestein und daher dunkel. Im Sommer ist ein Strandlokal in Betrieb. Vom Parkplatz an der ER 214 führt ein ca. 200 m langer Pflasterweg hinunter.

 Parken

Parkplätze in der Rua do Cais am Fischereihafen und der Uferstraße Rua Marginal da Padadeira sowie an der ER 214 oberhalb der Prainha.

 Restaurants

€€ | Bar/Restaurante Amarelo Ein alteingesessenes Restaurant in neuem Gewand. Serviert wird authentische Madeira-Küche. Am Wochenende ist es meist voll. Für den kleinen Hunger bieten sich leckere Fischbrötchen an.
■ Largo Manuel Alves/Cais do Caniçal 2, Tel. 291 96 17 98 , tgl. 9–23 Uhr

 Events

Festa da Senhora da Piedade Am dritten Septemberwochenende wird samstags ein Bildnis der Jungfrau der Gnade von der außerhalb liegenden Capela da Senhora da Piedade mit einer Bootsprozession in den Fischereihafen gebracht. Von dort geht es weiter bis zur Pfarrkirche. Am Sonntag kehrt das Bildnis wieder per Bootsprozession zurück. Das Fest wird von Musikveranstaltungen, Essenständen und Trinkbuden begleitet.

 **14 Ponta de São Lourenço**

 Felsig-alpine Landschaft auf Meereshöhe

Die östliche Landspitze der Insel steht als »Reserva Natural« unter Schutz. Die meiste Zeit des Jahres zeigt sich die Felslandschaft dort karg, Farbtupfen bieten verschiedene Ockertöne der vulkanischen Tuffe und das tiefblaue Meer. Im Frühjahr und Frühsommer sind die Hänge jedoch von einem Blütenteppich überzogen und wirken wie ein angelegter Felsgarten. Die meisten Arten sind Madeira-Endemiten, z. B. die Madeira-Levkoje oder der Prächtige Natternkopf.

Im Blickpunkt

Der Felsgarten im Frühjahr

Besonders im Frühjahr zeigt sich die Ponta de São Lourenço in sattem Grün. Der Prächtige Natternkopf blüht von Januar bis April hellblau bis violett. Die Drüsige Wolldistel, ein gelber Korbblütler, ist ab April so weit. Gelbe Matten bildet die Färberwaid zwischen März und Mai. Die orange-gelben Schmetterlingsblüten des Hornklees zeigen sich bis in den Juni. Eine Schönheit ist die Madeira-Levkoje mit violetten Rosettenblüten von März bis August. Die Fleischige Kanarenmargerite erinnert an heimische Margeritenarten, ihre Blätter sind jedoch dick und fleischig, um der salzigen und trockenen Luft zu widerstehen. Sie blüht nur von März bis April. Das Eiskraut bildet als Schutz Wasserblasen an Blättern und Stängeln. Das Meeres-Leimkraut blüht bis in den Mai hinein und erinnert an das Taubenkropf-Leimkraut der Alpen.

Von Caniçal aus führt die Regionalstraße ER 214 vorbei an der Freihandelszone (»Zona franca«) bis fast ans Ende der Insel.

Der gut gesicherte und präparierte Wanderweg PR 8 erschließt die eindrucksvolle Felslandschaft. Für den ganzen Weg (hin und zurück) sollte man sich ca. drei bis vier Stunden Zeit nehmen. Wanderschuhe mit gutem Profil sind empfehlenswert.

 Sehenswert

Casa do Sardinha

| Besucherzentrum |

In dem ehemaligen Haus eines Ziegenhirten ist heute eine kleine Ausstellung zur Flora und Fauna der Ostspitze untergebracht. Davor befinden sich Bänke und Tische unter Kanarischen Dattelpalmen.

Cais do Sardinha

| Strand |

Neben der Casa do Sardinha beginnt ein gepflasterter Fußweg zum Cais do Sardinha am Meer. Bei ruhiger See kann man hier baden. Der Zugang ins Wasser erfolgt über den grobkiesigen Strand oder über eine Metallleiter am Ende einer Betontreppe. Infrastruktur wie Duschen oder Toiletten gibt es hier keine.

 Parken

Casa und Cais do Sardinha erreicht man nur zu Fuß vom großen Parkplatz am Ende der ER 214 an der Baía d'Abra.

ADAC *Mobil*

Die **Ponta de São Lourenço** lässt sich bestens mit dem öffentlichen Bus besuchen. Es existieren vormittags fünf Verbindungen von Funchal zur Baía d'Abra und nachmittags sechs bis sieben Verbindungen zurück nach Funchal. Die letzte Rückfahrt erfolgt Mo–Sa um 19.35 Uhr, sonntags um 18.15 Uhr.

Linie (»carreia«) 113, www.sam.pt

Übernachten

Die meisten Hotels liegen im westlichen Stadtteil von Funchal. Dort reiht sich ein großes Hotel ans andere. Viele gehören zur Kategorie vier oder fünf Sterne. Die Sehenswürdigkeiten der Stadt sind von hier aus nicht mehr leicht zu Fuß zu erreichen, jedoch ist die Busverbindung ins Zentrum gut. In der Altstadt und in der Baixa sind die Unterkünfte nicht so dicht gesät, dennoch finden sich Wohnmöglichkeiten der mittleren und gehobenen Qualität.

Ein weiteres wichtiges Ferienzentrum ist Caniço. Im Ortsteil Caniço de Baixo gibt es für jeden Geschmack eine Unterkunft. Auch Santa Cruz und Machico verfügen über Hotels und Pensionen.

Funchal 18

€ | **Residencial Zarco** Die einfache Unterkunft besticht durch ihre Lage mitten in der Altstadt. Die Zimmer sind funktional eingerichtet. Alles ist sauber. In einem Haus ca. 200 m entfernt werden Apartments mit Küchenzeile vermietet. ■ Rua da Alfândega 113, 9000-059 Funchal, Tel. 291 22 37 16, www.residencialzarco.com

€€ | **Albergaria Dias** Das Altstadthotel ist familiär und freundlich geführt. Trotz der Lage direkt in der Altstadt ist es ruhig. Die Zimmer haben einen Balkon und es gibt einen Pool. ■ Rua Bela São Tiago 44 B, 9060-400 Funchal, Tel. 291 20 66 80

€€ | **Aparthotel Imperatriz** Das Hotel liegt am Westrand der Baixa, am Beginn des Hotelviertels. Zum Jachthafen sind es zu Fuß ca. 15 Min. Die Apartments sind alle mit einer kleinen Küchenzeile ausgestattet und verfügen über einen Balkon. ■ Rua Imperatriz D. Amélia 72, Tel. 291 23 34 56, www.hotel-imperatriz.com

€€€ | **Castanheio Boutique Hotel** Das Hotel ist sehr verwinkelt, da es aus fünf restaurierten Stadthäusern be-

steht. Das Ambiente ist angenehm städtisch. Auf dem Dach befindet sich ein Panoramapool mit Blick über die Stadt. ■ Rua do Castanheiro 31, 9000-081 Funchal, Tel. 291 20 01 00, www.castanheiroboutiquehotel.com

€€€ | **Pestana Casino Park** Großes bezahlbares Fünf-Sterne-Hotel am Rand der Baixa. Das Zentrum ist gut zu Fuß erreichbar. Der brasilianische Architekt Oscar Niemeyer hat das Hotel entworfen. Der Pool liegt in einem großen Garten. Ansonsten bietet das Hotel den international üblichen Luxus. ■ Rua Imperatriz D. Amélia, 9004-513 Funchal, Tel. 291 20 91 00, www.pestana.com

Santo António da Serra 44

€€ | **Enotel Golf** Die Zimmer verteilen sich auf mehrere Flügel um einen parkartigen Innenhof. Das Ambiente rangiert zwischen gediegen, rustikal und modern. Die Zimmer sind im alten Stil eingerichtet. Die Buffets zum Frühstück und Abendessen sind umfangreich und vielseitig. ■ Sítio das Casas Proximos, 9200-152 Santo da Serra, Tel. 291 55 05 50, www.enotelgolf.com

Caniço 45

€€ | Galosol Das Hotel bietet soliden Standard. Die Zimmer sind groß und komfortabel. Im Restaurant wird Wert auf gesunde Küche gelegt. Umfangreiches Sportangebot. ■ Rua Dom Francisco Santana, 9125-031 Caniço de Baixo, Tel. 291 93 09 30, www.galoresort.com

€€ | Hotel Vila Ventura In dem familiär geführten Aparthotel haben alle Zimmer eine Küchenzeile und einen Balkon. Das Gartenrestaurant mit Grillspezialitäten ist auch bei auswärtigen Gästen beliebt. ■ Caminho Cais da Oliveira, 9125-028 Caniço de Baixo, Tel. 291 93 46 11, www.vila-ventura.com

€€ | Residencial Klenks Cafe Im Angebot sind einfache, aber gemütliche Zimmer, Ferienwohnungen für bis zu sechs Personen und moderne Apartments mit komplett ausgestatteter Küche. Hervorzuheben ist das umfangreiche Frühstück. Die Unterkunft liegt zwischen Caniço und Caniço de Baixo. ■ Estrada Ponta de Oliveira 57, 9125-035 Caniço, Tel. 291 93 43 16, www.madeira-caferustico.com

€€€ | Quinta Splendida Die Zimmer (vom Standardzimmer bis zur Spa-Luxussuite) verteilen sich auf mehrere Gebäude in einem Botanischen Garten. Alle Zimmer verfügen über Balkon oder Terrasse, die meisten außerdem über eine Küchenzeile. ■ Estrada Ponta da Oliveira 11, 9125-001 Caniço, Tel. 291 93 04 00, www.quintasplendida.com

Santa Cruz 47

€€ | Vila Galé Großes Hotel mit internationalem Komfort, direkt an der Uferpromenade. ■ Rua São Fernando 5, 9100-173 Santa Cruz, Tel. 291 52 90 00, www.vilagale.com

Machico 48

€€ | Dom Pedro Madeira Ordentliches Großhotel in der Bucht. Keine Augenweide, aber professioneller Service und vernünftige Zimmer. ■ Estrada de São Roque, 9200-126 Machico, Tel. 291 96 95 00, www.dompedrobaiahotel.com

ADAC *Das besondere Hotel*

Wohnen in einer zum Meer hin offenen Hütte, direkt über dem Tosen des Atlantiks, das bietet **Galo Resort Glamping.** Strom gibt es keinen, dafür wird eine Laterne zur Verfügung gestellt. Die Holzhütten befinden sich direkt an der Meeresbadeanlage des Hotels Galomar. Die Annehmlichkeiten des Hotelkomplexes Galo Resort können mitgenutzt werden.
€€ | Rua D. Francisco Santana, 9125-031 Caniço de Baixo, Tel. 291 93 09 30, www.galoresort.com, nur im Sommer

Der Nordosten und das zerklüftete Hochgebirge

Urwälder und bizarre Felslandschaften zeichnen den Nordosten und das zentrale Bergland aus

Der Norden ist viel dünner besiedelt als der Süden, das Gebirge gar nicht. Der Tourismus steckt hier noch in den Anfängen, was mit dem Wetter zusammenhängt: Lorbeerwälder, Natur und Berge lieben Nebel, Regen und Kühle, Urlauber eher Sonne und gemäßigte Temperaturen. Nur durch die vermeintliche Unbill des Klimas konnte sich in diesem Inselteil die ursprüngliche Natur bilden und halten.
Besuchermagneten sind das UNESCO-Weltnaturerbe Lorbeerwald und die eindrucksvolle Hochgebirgswelt.
Ruhige Unterkünfte finden sich in Dörfern ohne Trubel, größere Hotels nur in Santana und Ponta Delgada. Die Bewohner der Dörfer führen ein beschauliches, von der Landwirtschaft geprägtes Leben. Der Weg nach Funchal ist häufig weit und umständlich, da ein Großteil der Straßen noch dem alten Verlauf wie schon vor hundert Jahren folgt.

In diesem Kapitel:

ADAC Top Tipps:

 Pico do Arieiro
| Berg |
Der dritthöchste Gipfel der Insel ist in wenigen Schritten bestiegen. Die gezackte Umgebung fällt vorwiegend senkrecht ab. Häufig steht man über den Wolken. Auch im Sommer kann es hier empfindlich kalt sein. 65

ADAC Empfehlungen:

 Companhia dos Engenhos do Norte, Porto da Cruz
| Zuckerrohrfabrik |
Die Zuckerrohrpressen hier sind die einzigen, die noch mit Dampfmaschinen betrieben werden. 60

15 Porto da Cruz

*Beschauliches Dorf an der Nordküste
mit ihrer wilden Brandung*

Die ersten Siedler stellten bei ihren Er-
kundungsfahrten an der unzugänglichen Nordküste in einer Bucht ein
Kreuz auf. Der Name Porto (Hafen) da
Cruz (des Kreuzes) war geboren.

Auf der Nordseite wurde das Gebiet
um Porto da Cruz als Erstes besiedelt.
Es sollte noch mehrere Jahrzehnte
dauern, bis der restliche Norden erschlossen wurde.

Die Ruine einer Zuckerrohrfabrik am
südöstlichen Beginn der kurzen Uferpromenade erinnert an rosige Zeiten.
Am anderen Ende liegt ein Meeresschwimmbecken. Baden ist meist nur
in den Sommermonaten möglich. Drei
Cafés mit Restaurantbetrieb bieten

Sitzgelegenheiten am Meer, von wo
aus sich die gewaltige Brandung beobachten lässt.

An der westlichen Seite der Landzun-
ge, die sich vom Ortszentrum nach
Norden ins Meer schiebt, liegt der
Stadtstrand Praia da Alagoa.

 Sehenswert

Companhia dos Engenhos
do Norte

| Zuckerrohrfabrik |

 *Altertümliche Maschinen, die
immer noch produzieren*

Die Zuckerrohrfabrik wirkt wie aus den
Anfängen der Industrialisierung. Sie ist
eine von drei Anlagen, die noch arbeiten und Schnaps, Melasse und Rum
produzieren.

Die Fabrikgebäude stammen von 1927,
die Maschinen sind älter. Geerntet

Im ruhigen Örtchen Porto da Cruz wird bis heute Zuckerrohrschnaps produziert

wird zwischen April und Juni, dann stehen LKWs in langen Kolonnen vor der Laderampe. Das Rohr wird in mehreren Durchgängen gepresst. Heraus kommt ein trüber Zuckersaft, der weiterverarbeitet wird.

Der Aguardente »Branca« ist ein starker junger Schnaps mit 40 bis 55 Vol.-%. Etwas weicher im Geschmack ist der »970 Reserva«. Er lagert fünf Jahre im Fass und hat 40 Vol.-%.

Direkt neben der Fabrik ist die Probierstube. Dort wird auch frisch zubereiteter Poncha angeboten: Die klassische Mischung besteht aus Zuckerrohrschnaps, Honig sowie Orangen- und Limettensaft. Es gibt verschiedene Varianten, z. B. mit Maracujasaft. Schnaps, Rum, Poncha und Zuckerrohrmelasse stehen auch zum Verkauf.

■ Casa Próximas, auf der Landzunge nordöstlich des Zentrums, Buslinien der Gesellschaft SAM, Linien 53 und 78, Tel. 291 74 29 35, Mo–Sa 9–18 Uhr

Parken

Großer **Parkplatz** am Ortsrand, Zufahrten über Caminho Velho do Massapez und Rua Marechal Spinola.

Restaurants

€ | **Praça do Engenho** Schöne Lage direkt an der Uferpromenade mit Tischen draußen; bei schlechtem Wetter oder Wind drinnen. Einfache, aber solide Küche. ■ Rua da Praia, Tel. 291 56 36 80, tgl. 8–23 Uhr

Events

Festival Apanha da Cana Ein bis zwei Wochen nach Ostern findet das Fest der Zuckerrohrernte statt, mit diversen

Im Blickpunkt

Weißes Gold – Zuckerrohranbau auf Madeira

Die ersten Zuckerrohrpflanzen kamen auf Initiative von Infante Henrique (Heinrich der Seefahrer) Mitte des 15. Jh. nach Madeira. Kurz darauf erblühte der Handel mit dem »weißen Gold«, das lange Zeit Königen, Herrschern und Adeligen vorbehalten war. Auf Madeira begann eine Art Goldrausch. Schnell breitete sich der Zuckerrohranbau in die tropische und subtropische Welt aus: Kanaren, São Tomé, Antillen, Brasilien. 1630 eroberten Niederländer Olinda, damals das Zentrum des brasilianischen Zuckerrohranbaus, und die Portugiesen verloren ihr weltweites Monopol.

Poncha- und Verpflegungsständen. Der genaue Termin wird auf Facebook veröffentlicht (www.facebook.com/freguesiaportodacruz).

Festa da Uva e do Agricultor Neben dem Zuckerrohranbau ist die Weinproduktion wichtiges Standbein. Am ersten Wochenende im September feiert das Dorf.

Sport

Calhau Surf School Madeira hat sich in den letzten Jahren zum Paradies für Wellenreiter entwickelt. Bei der Calhau Surf School bekommen Anfänger eine sanfte Einweisung. Lehrsprache ist Englisch. ■ Rua da Praia 25, Sítio das Casas Próximas, Mobil 926 18 98 94, www.madeiracalhausurfschool.com

16 Faial

Der Bauernort ist von Terrassenkulturen mit subtropischem Obst umgeben

Ruhig und beschaulich geht es in dem Dorf mit ca. 1500 Einwohnern zu. Am meisten spielt sich um den zentralen Kirchplatz ab, von dem sich ein schöner Blick in die urige Landschaft werfen lässt.

Südlich des Zentrums liegt der Aussichtspunkt Miradouro da Pedreira, nördlich außerhalb des Ortes der Miradouro do Fortim. Beide blicken auf den markanten Penha de Águia (»Adlerfelsen«).

Eine landschaftlich reizvolle Bademöglichkeit besteht an der Küste an der Mündung des Flusses Ribeira São Roque do Faial. Der Strand Praia do Faial liegt an einer künstlichen Lagune, die von hohen Basaltsäulen gesäumt wird.

 Sehenswert

Miradouro do Fortim
| Aussichtspunkt |
An exponierter Stelle nördlich des Ortes liegt eine alte Festungsanlage aus dem 18. Jh. Zehn britische Kanonen zielen aufs Meer. Der Blick schweift

ADAC *Spartipp*

An der Küste unterhalb von Faial erstreckt sich an der Praia do Faial ein **Strand** an einer künstlichen Lagune. Die Umkleidekabinen und Duschen können ohne Gebühr benutzt werden. Kurz vor dem Ortszentrum führt die Estrada da Praia do Faial von der Schnellstraße VE 1 zum Strand.

nach Faial und auf den Adlerfelsen, den Penha de Águia. Er erinnert an einen Adler mit halb ausgebreiteten Schwingen. Früher gab es hier Seeadler. Der Aussichtspunkt ist von der alten Regionalstraße ER 213 nach Santana ausgeschildert.
■ Estrada do Fortim

 Parken

Parkbuchten beim Restaurant A Chave in der Rua João Fernandes Viera.

 Restaurants

€ | A Chave Traditionelles Restaurant mit solider Hausmannskost und schöner Terrasse. ■ Largo da Igreja, Tel. 291 57 32 62, tgl. geöffnet

 Events

Festa da Anona Ende Feb./Anfang März, wenn die Anonas (Annona cherimola, besser bekannt als Cherimoyas) reif sind, feiert man in Faial ein Fest. Es finden Ausstellungen der schönsten Früchte und Verkostungen statt.

17 São Roque do Faial

Bergdorf inmitten von Obst- und Gemüsegärten

Die gut 700 Einwohner des Bergdorfs bleiben meistens unter sich. Gelegentlich steigen Wanderer bei einer Inseldurchquerung ab. Ein richtiges Dorfzentrum gibt es nicht. Die Häuser verteilen sich über einen Bergrücken, dessen Flanken sorgfältig terrassiert sind.

Den besten Einblick in das einfache Landleben erhält man auf einem Spa-

Vom »Balkon« reicht die Aussicht bis zu den höchsten Gipfeln Madeiras

ziergang über die Hügel auf restaurierten Verbindungswegen.

Der Miradouro do Chão do Cedro Gorgo bietet einen schönen Blick auf den Adlerfelsen.

P Parken

Nur an der Durchgangsstraße vereinzelt **Parkbuchten**.

18 Ribeiro Frio

Staatliche Forellenzucht und üppig wachsender Lorbeerwald

Ribeiro Frio liegt in ca. 850 m Höhe und somit mitten in der Lorbeerwaldzone. Ein Dorf im eigentlichen Sinne ist es nicht. Im »Zentrum« gibt es einen Souvenirladen, ein Café und ein Restaurant sowie das Forsthaus mit Forellenzucht. Wegen des wild-ro-

mantischen Ambientes ist die Häuseransammlung um die Forellenzucht ein beliebtes Ziel von Busgesellschaften. Fast alle Agenturen und Busunternehmen der Insel kommen her, meist zwischen 10 und 13 Uhr. Wer den großen Andrang umgehen möchte, sollte daher früher oder später eintreffen.

Sehenswert

Balcões
| Aussichtspunkt |

 Leicht erreichbarer Aussichtspunkt im Urwald

Über dunkelgrünen Lorbeerwäldern liegt die spektakuläre Aussichtskanzel. Bei wolkenfreiem Himmel reicht der Blick bis auf die höchsten Gipfel: links der Pico do Arieiro (1818 m) mit der Radarstation, gleich rechts daneben im Sattel die markante Spitze des Pico do Gato (1782 m), anschließend der zerklüftete Pico das Torres (1851 m) und fast schon unscheinbar ganz rechts der höchste Gipfel, Pico Ruivo (1862 m). Tief im Tal ist das Wasserkraftwerk von Fajã da Nogueira zu sehen.

Der Aussichtspunkt ist nur zu Fuß erreichbar. Der Weg dorthin ist leicht. Los geht es unterhalb des Restaurants Ribeiro Frio, wo die Levada do Furado die Regionalstraße quert. Ihr folgt man in Richtung Norden, Schilder weisen den Weg. In etwa 30 Min. gelangt man nach Durchqueren eines Felsspalts an den Zuweg zum Aussichtspunkt, der dann in wenigen Minuten erreicht ist.

Parque Florestal do Ribeiro Frio
| Waldlandschaft |

Einen umfassenden Überblick über die Gewächse des Lorbeerwalds vermittelt ein Naturlehrpfad (30 Min.) gegenüber der Forellenzucht. Man passiert die wichtigsten Bäume, Büsche, Farne und einige Informationstafeln (Portugiesisch und Englisch).

Bei Nässe ist der Pfad rutschig.

■ ER 103, frei zugänglich

Estação Piscícola
| Forellenzucht |

Mehrere in Stein gefasste Becken sind übereinander angeordnet. Pflasterwege durchziehen das parkartige Gelände. Natternköpfe, Azaleen und Rhododendren verschönern die Umgebung mit ihren Blüten. Seit 1950 werden hier Forellen gezüchtet, um sie in die Gewässer der Insel zu entlassen. Einige tummeln sich auch in den Levadas im Gebirge. In den ersten Jahren wurden europäische Bachforellen gezüchtet, heute sind es nordamerikanische Regenbogenforellen.

■ ER 103, frei zugänglich

 Verkehrsmittel

Bus Linien 56 und 103 von Horários do Funchal Serciço interurbano (www.horariosdofunchal.pt) fahren in Funchal in der Rua José da Silva an der Talstation der Seilbahn nach Monte ab.

 Parken

Kleiner **Parkplatz** südlich der Forellenzucht an der ER 103; wenige Stellplätze direkt gegenüber der Forellenzucht; kleiner Parkplatz gegenüber dem Restaurant Ribeiro Frio.

 Restaurants

€€ | Ribeiro Frio Rustikales Restaurant mit ländlicher Gemütlichkeit. Spezialität sind Forellen auf alle möglichen Zubereitungsarten. Uriger Barbereich mit Kamin. ■ Estrada da Laurisilva, ER 103, Tel. 291 57 58 98, Mobil 919 17 98 85, tgl. 9–19 Uhr

 Einkaufen

Cold River Souvenir's Der gut sortierte Souvenirshop liegt an der Durchgangsstraße unterhalb der Forellenzuchtstation. ■ tgl. 9–18 Uhr

 Wandern

Auf der gegenüberliegenden Straßenseite der Levada, die zum Aussichtspunkt Balcões führt, beginnt der offizielle Wanderweg **PR 10**. Entlang der Levada do Furado wandert man durch urtümlichen Lorbeerwald bis zum Portela-Pass oberhalb von Machico. Auch wenn die Wanderung nur 11 km lang ist, sollte man ca. 4 Std. einplanen.

Pico do Arieiro

Bester Ausblick in die zerklüftete Bergwelt Madeiras

Mit 1818 m ist der Pico do Arieiro der dritthöchste Gipfel Madeiras. Durch direkten Straßenanschluss ist er leicht zu besteigen: Vom Parkplatz aus führt eine Treppe hinauf zum Café, von dort sind lediglich 20 Höhenmeter auf einer Treppe aus vulkanischem Gestein zu überwinden. Dabei passiert man eine große Radarstation der portugiesischen Luftwaffe. Vom Gipfel schweift der Blick über das stark zerklüftete Zentralgebirge. Felstürme, Zacken und natürliche Steinmauern beherrschen das Bild. In verschiedenen Ocker-, Rot- und Grautönen strahlt das Gestein. Steile unzugängliche Täler ziehen sich bis ans Meer. In Richtung Nordwesten erhebt sich der Pico das Torres (Berg der Türme), erkennbar an seinen turmartigen Gipfelstrukturen. Der höchste Zacken ist mit 1851 m der zweithöchste Berg der Insel. Dahinter versteckt sich der höchste, der Pico Ruivo (1862 m, S. 69). Man sieht nur die Westflanke und – mit geübtem Blick – die Gipfelsäule. Gleich am Parkplatz befindet sich ein Souvenirgeschäft.

Auf der Wanderung vom Pico do Arieiro zum Pico Ruivo locken Aussichtspunkte

chen und dem Madeira-Sturmvogel (»freira da Madeira«).

■ www.ifcn.madeira.gov.pt, tgl. 9–15 Uhr, Eintritt frei

 Sehenswert

Centro Freira-da-Madeira Dr. Rui Silva

| Ausstellung |

Direkt gegenüber vom Café ist ein zweites Souvenirgeschäft angesiedelt, durch das man hindurch muss, um zu dem etwas versteckt liegenden Besucherzentrum zu gelangen. Es widmet sich den ersten Bergsteigerversu-

Miradouro Ninho da Manta

| Aussichtspunkt |

Ein kurzer Abstecher in die Felslandschaft

Felstürme, grün, ocker, braun, umgeben den Beobachter auf der Felsnase, die übersetzt »Bussardnest« bedeutet. Der Aussichtspunkt ist der erste auf dem spektakulären Weg vom Pico do Arieiro zum Pico Ruivo. Wer nicht den gesamten Weg gehen möchte, bekommt hier einen Eindruck von der Landschaft und den Schwierigkeiten der ersten Bergsteiger, die ohne gesicherte Pfade die Berge erkundeten.

Solche strohgedeckten Nurdachhäuser sind typisch für Santana

Der Aussichtspunkt ist in ca. 20 Min. vom Pico do Arieiro aus erreicht. Man folgt der Beschilderung zum Pico Ruivo. Der Kammweg ist auf den ersten Metern dem Wind ausgesetzt. Vor plötzlichen Böen ist Vorsicht geboten. Unterwegs sind einige Steinstufen zu überwinden.

Parken

Großer **Parkplatz** direkt unterhalb des Gipfels.

Erlebnisse

Madeira Wind Bird Eine Vogelbeobachtungstour führt vom Pico do Arieiro zu den Brutplätzen des gefährdeten Madeira-Sturmvogels (Pterodroma madeira). Es geht bei der Tour hauptsächlich um den Ruf des nachtaktiven Vogels. Madeira Wind Bird bietet den Ausflug zwischen April und August um ca. 21 Uhr an. Die Teilnehmerzahl ist auf maximal sieben Personen beschränkt, Erläuterungen nur auf Englisch und Portugiesisch. Im Angebot sind noch andere Streifzüge. Kontakt ausschließlich übers Internet oder per Telefon. ■ Tel. 291 09 80 07, Mobil 917 77 74 41, www.madeirawindbirds.com, 50 € bei Online-Buchung

Wandern

Direkt unterhalb des Pico Arieiro beginnt der offizielle Wanderweg PR 1. Er führt gut markiert und gesichert in steilem Auf und Ab bis zum Pico Ruivo. Dabei sind mehrere steile Fels- und Metalltreppen zu überwinden. Eine Taschenlampe ist für Tunnel notwendig. Für die gesamte Strecke hin und zurück sollten auch geübte Wanderer mindestens 6 Std. einplanen.

Santana

Landstädtchen im Norden mit Strohdachhäusern

Die Gegend um Santana wurde Mitte des 16. Jh. besiedelt. Seit 2001 darf sich Santana mit etwas über 3000 Einwohnern »Cidade« (portugiesische Städtekategorie, am ehesten mit »Großstadt« zu vergleichen) nennen.

Besuchermagnet von Santana sind die mit Weizenstroh gedeckten Häuser, die »casas do colmo«. Sie stehen heute unter Denkmalschutz. Die Häuser mit Wellblechdach, die man immer wieder sieht, sind übrigens Ställe (»palheiros«). Von Santana aus soll sich die Bauweise der »casas do colmo« auf der ganzen Insel ausgebreitet haben. Der Ursprung dürfte vermutlich bis in die Zeit der Kelten vor ca. 2000 Jahren zurückreichen.

Das Gemeindegebiet von Santana reicht vom Meer bis zum Pico Ruivo. Sämtliche Vegetationsstufen der Insel zählen dazu. Aus diesem Grund erklärte die UNESCO das gesamte Gebiet 2011 zum Biosphärenreservat.

Sehenswert

Casas de Colmo

| Architektur |

 Strohgedeckte Häuser wie in alten Zeiten

Neben dem Rathaus (Câmara Municipal) sind vier traditionelle Häuser aufgebaut. In einem davon ist die Touristeninformation untergebracht, in den anderen werden Souvenirs und regionale Spezialitäten wie Kekse, Liköre oder Poncha verkauft. Die Häuser haben die typische Größe, wie sie für große Familien üblich war. Platz war wenig. Die mühsam gedeckten Dächer können hier aus der Nähe betrachtet werden.

■ Rua do Sacristão

Verkehrsmittel

Bus Linien 56 und 103 von Horários do Funchal Serviço interurbano ab Funchal in der Rua José da Silva, an der Talstation der Seilbahn nach Monte. Ab Santana in der Rua de Santa Ana und am Centro de Saúde in der Avenida Manuel Marques da Trinidade.

■ www.horariosdofunchal.pt

P Parken

Parkbuchten beim Rathausplatz und entlang der Zufahrtsstraße Avenida Manuel Marques da Trinidade.

Restaurants

€€ | **Churrascaria Caldeirão Verde** Bei Einheimischen beliebtes Grillrestaurant. Sehr große Portionen zu angemessenen Preisen. ■ Avenida Manuel Marques da Trinidade, Tel. 291 57 61 85, tgl. 10–22 Uhr

€€ | **O Colmo** Restaurant des gleichnamigen Hotels. Professioneller Service und einheimische Küche. ■ Avenida Manuel Marques da Trinidade 42, Tel. 291 57 02 90, www.restaurant.hotelocolmo.com, tgl. 7.30–22 Uhr

€€€ | **Quinta do Furão** Edles Restaurant des gleichnamigen Landhotels. Erstklassige portugiesische Küche wird leicht und mediterran interpretiert. Bei den Zutaten legt der Küchenchef Wert auf ökologische und heimische Produkte. ■ Estrada Quinta do Furão 6, Tel. 291 57 01 00, www.quintadofurao.com, tgl. 12–15.30 und 18–21.30 Uhr

Cafés

A Espiga Das kleine Lokal ist eine Kombination aus Café und Restaurant. Das meiste auf der überschaubaren Karte sind typische Tellergerichte. Eine Besonderheit sind die guten Kuchen. Hervorzuheben ist der Apfelkuchen. ■ Avenida Manuel Marques da Trinidade/Avenida 25 de Maio, Tel. 291 57 22 41, tgl. 7–23 Uhr

Einkaufen

Feira Agrócola Bauernmarkt mit lokalen Produkten am Rathausplatz. ■ Fr–So 9–18 Uhr

Kinder

Parque Temático da Madeira Großer Freizeitpark mit allen möglichen Aktivitäten, die mit Madeira zu tun haben. So kann man beim Brotbacken oder beim Spinnen und Weben zuschauen. Mit einem Bimmelbähnchen lässt sich bequem das Gelände erkunden. Es empfiehlt sich ein Besuch am Sonntag, wenn viele einheimische Familien hier sind, dann finden die Vorführungen häufiger statt. ■ Estrada do Parque Temático 1, Fonte da Pedra, Tel. 291 57 04 10, www.parquetematicodamadeira.pt, April–Sept. tgl. 10–19, Okt.–März 10–18, am 24. und 31. Dezember nur bis 15 Uhr, 25. Dez. geschl., pauschal 6 €, Kinder (5–14 Jahre) 4 €, nur Eintritt 1 €, jede Attraktion zusätzlich 1 €

Events

48 Horas a Bailar Das Folklorefestival ist eines der größten der Insel. Innerhalb von zwei Tagen treten Gruppen von Madeira und vom Festland auf.

Termin ist ein Wochenende in der ersten Junihälfte. ■ www.cm-santana.pt (unter »eventos«)

Festa das Vindimas Das große Weinlesefest findet Anfang Sept. auf dem Gelände des Hotels Quinta do Furão statt. Es besteht die Möglichkeit, beim Pressen mitzuhelfen. ■ www.quintado furao.com

21 Queimadas

Lauschiges Picknickgelände und wildromantischer Rhododendronpark

Queimadas liegt mitten in der Lorbeerwaldzone, sodass ein Eintauchen in den Urwald bequem möglich ist. Den Namen Queimadas (»Verbranntes«, »Verkohltes«) verdankt der Ort den Köhlern, die hier ihrem Handwerk nachgingen.

Die beiden urigen Häuser gehören der Forstverwaltung. Sie sind wie in Santana mit Stroh gedeckt, doch deutlich größer als die typischen »Santana-Häuser«. Angeschlossen ist ein Picknickgelände mit Ententeich und einem Schweinegehege. Die kleinwüchsige Rasse tummelte sich früher frei in den Wäldern.

Das Gelände ist von einem romantischen Rhododendronpark umgeben, in den einige Pfade führen.

ADAC *Mobil*

Die Häuser von Queimadas sind entweder über eine sehr schmale Straße von Santana aus zu erreichen oder **zu Fuß** von Pico das Pedras, an der Straße von Santana nach Achada do Teixeira (ER 218, Estrada do Pico das Pedras, ca. 30 Min. Fußweg).

In den Caldeirão Verde ergießt sich aus ein Wasserfall 100 m Höhe

P Parken

Ein **Parkplatz** befindet sich am Ende der Zufahrtstraße.

Wandern

In Queimadas beginnt die **Levada do Caldeirão Verde**. Sie verläuft gut gesichert teils in der senkrechten Felswand und führt durch mehrere Tunnel in den »grünen Kessel«, in den je nach Jahreszeit ein eindrucksvoller Wasserfall stürzt. Die Wanderung ist der offizielle Weg PR 9. Rund 4–5 Std. sollte man für den Hin- und Rückweg schon einplanen.

Ein einfacher und kurzer Wanderweg führt von der Straße ER 218 Santana–Achada do Teixeira vom Picknickgelände Pico das Pedras (beschildert) in ca. 30 Min. durch üppigen Lorbeerwald nach Queimadas.

22 Pico Ruivo (de Santana)

In rund einer Stunde den höchsten Berg der Insel erklimmen

Der Pico Ruivo (1862 m) ist leicht zu besteigen. Vom Felsplateau Achada do Teixeira am Ende der Regionalstraße ER 218 führt ein sorgfältig gepflasterter Weg in etwa einer Stunde bis auf den Gipfel (markierter Weg PR 1.2). Von dort ergibt sich ein 360°-Blick. In Richtung Pico do Arieiro (Blickrichtung Süd) beeindrucken bizarre Felsformationen, in Richtung Südwest sind die Ausläufer des Nonnentals (Curral das Freiras) zu sehen. Über dem Tal thront der Pico Grande mit seinem Felstürmchen als Gipfel. Nach Westen blickt man auf die Hochebene Paúl da Serra. Die nördlichen Flanken sind dicht mit Lorbeerwald bewachsen.

Parken

Ein großer **Parkplatz** befindet sich an der Achada do Teixeira.

23 São Jorge

*Ruhiges Dorf mit fotogenen stroh-
gedeckten Häusern*

São Jorge liegt abseits der großen Touristenströme. Während alle im benachbarten Santana haltmachen, geht es in dem Dorf mit knapp 1500 Einwohnern beschaulich zu.

Die strohgedeckten Häuser haben nicht die typische Dreiecksform, sondern wirken mit ihrem quadratischen Grundriss gedrungener. Schöne Exemplare stehen in der Rua de São Pedro, die von der Kirche in Richtung Fried-

hof führt. Die Pfarrkirche von 1761 ist die größte reine Barockkirche der Insel. Sie ist dem Drachentöter Georg geweiht.

Unterhalb des Friedhofs liegt der Aussichtspunkt Miradouro do Cabo Aéro mit Blick auf die steilen Abbrüche. Ein weiteres Panorama ergibt sich vom Miradouro da Vigia, westlich des Zentrums am Steilabbruch. Der Aussichtspunkt ist vom Zentrum aus als »Vigia« ausgeschildert. Der Blick reicht über Arco de São Jorge, Ponta Delgada und Seixal bis nach Porto Moniz.

P Parken

Großer **Parkplatz** am Miradouro do Cabo Aéro unterhalb des Friedhofs am Ende der Straße Rua de São Pedro, ansonsten am Straßenrand parken.

Um das abgeschiedene Boaventura ragen die grünen Klippen steil empor

Restaurants

€€ | Casa de Palha Aus der Küche kommen deftige Gerichte auf exquisite Weise zubereitet: Lammtopf, Kaninchen, würziges Hühnchen. Eine Besonderheit ist die Krabbensuppe in Brot. ■ Rua Padre Francisco Marques Mendoça 5/Rua da Igreja, Tel. 291 57 63 82, tgl. 10–21 Uhr

 Cafés

Cabo Aéreo Café Von dem kleinen Café hat man einen herrlichen Blick auf die steile Nordküste. Es gibt selbst gebackenen Kuchen. ■ Rua de São Pedro, Tel. 291 57 52 09

24 Arco de São Jorge

Ländliches Dorf in einer Küstenebene unter steilen Lorbeerwänden

Die wenigen Einwohner von Arco de São Jorge (ca. 500) versuchen, durch die Landwirtschaft zu überleben. Erst in den letzten Jahren entwickelte sich der Tourismus und es gibt vereinzelt Übernachtungsmöglichkeiten. Das Klima ist für die Nordseite vergleichsweise mild. Kurz vor dem Ort, von Santana kommend, liegt der Aussichtspunkt Miradouro da Beira da Quinta. Im Allgemeinen nur als Cabanas bezeichnet. Häufig stehen hier Obstverkäufer.

 Sehenswert

Roseiral da Quinta do Arco
| Garten |

 Rosenblüte fast das ganze Jahr hindurch

Über 17 000 Rosen und davon über 1000 verschiedene Arten warten hinter einer urigen Natursteinmauer. Die Anlage ist eine der größten Rosensammlungen von Portugal. Der Garten gehört der Hotelgruppe Pestana. Der Zugang erfolgt durch das Hotelgelände der Quinta do Arco.
■ Quinta do Arco, Sítio da Lagoa, Tel. 291 57 02 50, April–Dez. tgl. 10–18 Uhr, 5 €

Museu da Vinha e do Vinho
| Museum |

Das Weinmuseum ist in einer alten Adega (Weinkeller) untergebracht. Zu sehen sind traditionelle Anlagen, wie sie auf Madeira noch bis ins ausgehende 20. Jh. benutzt wurden. Ein angeschlossener Laden verkauft Brot, Kekse und den typischen Honigkuchen.
■ Sítio da Lagoa, Tel. 291 57 81 06, http://cultura.madeira-edu.pt, Di–Sa 14–18 Uhr, 2 €

 Parken

Parkplatz bei der Quinta do Arco; weitere Parkmöglichkeiten entlang der Durchgangsstraße.

25 Boaventura

Abgelegenes, fast vergessenes Dorf an grünen Hängen

Die Häuser von Boaventura verteilen sich auf mehrere Bergrücken und Täler. Klimatisch und von der Bodenqualität begünstigt, betrieben die Bewohner hier lange Zeit Landwirtschaft. Mit dem Einzug moderner Zeiten fehlte eine vernünftige Straßenanbindung in die wirtschaftlich bedeutenderen Inselteile. Viele Bewohner verließen das Tal. Autofahrer können sich von den Mühen der Anfahrt überzeugen, wenn sie die spektakuläre »untere« Küstenstraße nach oder von Ponta Delgada fahren: Wie ein langer Balkon ist sie in die Senkrechte geschlagen.

 Parken

Parkbuchten unterhalb der Kirche an der Durchgangsstraße.

 Restaurants

€€ | São Cristovão Einfaches Ausflugslokal. Von der Terrasse hat man einen schönen Blick auf die wilde Nordküste. Typische Madeira-Küche mit gutem Preis-Leistungs-Verhältnis. ■ Sítio São Cristovão, Tel. 291 86 30 31, tgl. 10–22 Uhr

26 Ponta Delgada

Beschauliches Dorf mit Ansätzen von Tourismus

Ponta Delgada liegt auf einem Schuttfächer, der sich im Laufe der Jahrtausende durch herabstürzendes Gestein gebildet hat. Einige, teils verfallene Herrensitze zeugen von der einstigen Bedeutung, als der Weinanbau noch eine große Rolle spielte. Ein großes Hotel zieht heute Urlauber an. In dessen Sog entstanden einige kleinere private Unterkünfte. Zum Baden dient ein Meerwasserschwimmbecken.

 Sehenswert

Igreja Senhor Bom Jesús
| Kirche |

(16) *Ein modernes Deckengemälde lockt zahlreiche Besucher*

Die Kirche liegt direkt am Meer, wo sich zu Zeiten der Besiedlung das Ortszentrum befand. Laut einer Legende wurde im 15. Jh. ein Kruzifix an dieser Stelle an Land gespült. Pfarrer und Gemeinde brachten es in eine Kapelle weiter im Landesinneren, wo es aber nicht blieb, sondern auf wundersame Weise am nächsten Tag wieder am Meer zu finden war. Beim zweiten Mal geschah dasselbe, nur dass sich um das Kreuz ein Tempel aus Schilf gebildet hatte. Daraufhin entschied der Pfarrer, an dieser Stelle eine neue Kapelle zu bauen. Aus ihr ging die Pfarrkirche hervor.

Tatsächlich steht sie auf Grundmauern aus dem 16. Jh. Der Innenraum ist barock gestaltet, und seit 1990 schmückt ein modernes Deckengemälde eines einheimischen Künstlers die Kirche. Die Motive sind wilde Tiere, exotische Pflanzen, Engel, und der Walfang wird ebenso thematisiert wie die portugiesischen Entdeckungsfahrten.

■ Sítio da Igreja, Tel. 291 86 31 22, tgl. 9–19 Uhr

 Parken

Parkplatz bei der Kirche Bom Jesús.

 Kneipen, Bars und Clubs

Seven's Bar Bei Fußballspielen ist immer viel los. Für Hungrige gibt es einfache Tellergerichte. Die Bar liegt direkt gegenüber dem Hotel Monte Mar Palace. ■ Síto do Montado, Mobil 961 03 44 63, tgl. bis 2 Uhr

 Events

Festa do Bom Jesús Eines der größten Pilgerfeste der Insel. Am ersten Septemberwochenende kommen zahlreiche Besucher von der ganzen Insel nach Ponta Delgada.

Übernachten

Im Nordosten der Insel gibt es wenige größere Hotels. Sie konzentrieren sich in Santana und Ponta Delgada. Die beiden Orte sind verkehrstechnisch gut an den Rest der Insel angebunden. Vereinzelt sind in den Dörfern kleine private Pensionen zu finden. Ohne Mietwagen ist man hier allerdings sehr eingeschränkt. Im östlichen Teil der Hochgebirgswelt kann nicht übernachtet werden.

Porto da Cruz 60

€ | Hotel Vila Bela Das kleine, familiär geführte Zwei-Sterne-Hotel liegt direkt an der Uferpromenade. Die Zimmer sind klein und gemütlich. Die mit Meerblick haben einen Balkon. Zwei Suiten mit großer Terrasse und ein Familienzimmer mit Stockbetten sind ebenfalls zu buchen. ■ Rua da Praia 23, 9225-050 Porto da Cruz, Tel. 291 56 33 81, www.vila-bela.com

São Roque do Faial 62

€ | Rural Sanroque Einfaches rustikales Landhotel. Zimmer zur Straße und welche mit Blick über das Tal. Im Restaurant wird gute Hausmannskost serviert. ■ Chão do Cedro Gordo, 923-208 São Roque do Faial, Tel. 291 57 52 49

Santana 67

€€ | Hotel O Colmo Alteingesessenes Hotel in Santana und mit 50 Zimmern für die Nordostseite recht groß. Es verfügt über einen Innenpool und Sauna. Die Zimmer sind funktional. Das Restaurant bietet solide einheimische Küche. ■ Avenida Manuel Marques Trinidade 42, 9230-116 Santana, Tel. 291 57 02 90, https://hotelo colmo.com

€€€ | Quinta do Furão Das komfortable, ruhige Landhotel außerhalb der Stadt an der Steilküste bietet Pool, Sauna, Fitnessraum und ein vorzügliches Restaurant. ■ Estrada Quinta do Furão 6, 9230-082 Santana, Tel. 291 57 01 00, www.quintadofurao.com

Arco de São Jorge 71

€€€ | Quinta do Arco 18 rustikale Apartments für bis zu drei Personen um einen wildromantischen Garten mit Pool. Parkplatz. ■ Sítio da Lagoa, 9230-018 Arco de São Jorge, Tel. 218 44 20 01, www.pestana.com

Boaventura 71

€€ | Solar da Boaventura Das Hotel ist in einem restaurierten Herrenhaus im landestypischen Stil untergebracht. Die Unterkunft eignet sich für ein paar ruhige Tage. ■ Sítio do Serrão, 9240-046 São Vicente, Tel. 291 86 08 88, www.solar-boaventura.com

Ponta Delgada 72

€€ | Monte Mar Palace Hotel Großes Vier-Sterne-Hotel, einige Zimmer mit Balkon gehen zur Landseite. ■ Sítio do Montado, 9240-104 São Vicente, Tel. 291 86 00 30, www.montemarpalace.com

Der warme und ländliche Südwesten

Im vom Wetter verwöhnten Südwesten Madeiras ist der ländliche Tourismus seit einigen Jahren im Kommen

Lange Zeit stand der Südwesten von Madeira touristisch im Schatten von Funchal, doch immer mehr Urlauber suchen inzwischen Ruhe und Abgeschiedenheit. Ribeira Brava an der Mündung des gleichnamigen wilden Flusses wirkt in gewisser Weise städtisch, auch wenn es nur ein Bergdorf am Meer ist. Große Ballungszentren gibt es im Südwesten keine. Ausgesprochene Urlaubsorte mit größeren Hotels sind Ponta do Sol und Calheta, aber selbst dort gehen die Dinge einen geruhsamen Gang. Calheta verfügt auch über einen Jachthafen und einen Sandstrand.

Je weiter man sich in den Westen bewegt, desto ländlicher werden Landschaft und Dörfer. Jardim do Mar verströmt ruhigen Charme, Paúl do Mar zieht vor allem im Sommer eine junge Surferszene an. In Prazeres lässt es sich ins Landleben eintauchen. In allen Orten werden private Unterkünfte vermietet, vor allem an Urlauber, die dem Stadtleben entfliehen möchten.

Durch den Straßenbau der letzten Jahrzehnte kann vom Südwesten aus die ganze Insel gut bereist werden.

In diesem Kapitel:

ADAC Empfehlungen:

 Fajã dos Padres
| Küstenlandschaft |

Am Fuße der Steilküste unterhalb von Quinta Grande liegt ein subtropisches Refugium, wo seit Beginn der Besiedlung Landwirtschaft betrieben wurde: früher Wein, heute vor allem exotisches Obst. 76

 Taberna da Poncha da Serra d'Água
| Bar |
Zuckerrohrschnaps, Limettensaft und Honig zusammengemischt ergibt »Poncha«, das Regionalgetränk der Insel. Die Bar im Tal von Ribeira Brava hat sich darauf spezialisiert und ist stets gut besucht. 78

 Casa das Mudas, Calheta
| Kunstmuseum |
Das Museum für zeitgenössische Kunst in Calheta zieht Interessierte und Kulturschaffende aus dem ganzen Land in den ländlichen Südwesten. 83

 Quinta Pedagógica, Prazeres
| Garten |
Bei der Kirche von Prazeres befindet sich ein Kräuter-, Blumen- und Gemüsegarten mit angeschlossenem Teehaus. Es handelt sich um ein Landwirtschaftsprojekt des örtlichen Pfarrers. 85

 Portinho, Jardim do Mar
| Bar |
Die Bar mit Aussichtsterrasse liegt am Beginn der Uferpromenade von Jardim do Mar. Gemütlich lässt es sich hier vom Vormittag bis zum Sonnenuntergang sitzen. 87

Estalagem da Ponta do Sol
| Hotel |
Das Hotel in edlem Schick liegt auf dem Gelände eines ehemaligen Landguts, auf einem Felsrücken oberhalb von Ponta do Sol. 90

27 Quinta Grande

Weitläufiges Dorf mit sorgfältig terrassierten Feldern

In Quinta Grande, dem »großen Landgut«, wie sich der Name übersetzen lässt, leben viele Bewohner von der Landwirtschaft. An den windgeschützten Hängen bauen sie Wein an, auf kleinen Terrassenfeldern Obst und Gemüse. Im Osten liegt der Steilabbruch Cabo Girão (S. 39).

 Sehenswert

Fajã dos Padres
| Küstenlandschaft |

 Ein tropischer Garten unter der Steilwand

Senkrecht fällt Madeiras Küste ins Meer. An einigen Stellen bildeten sich flache Abschnitte, wie die Fajã dos Padres. Lange Zeit war das Gebiet im Besitz der Jesuiten, die Malvasia-Reben anpflanzten. Heute wachsen neben Weintrauben auch Mangos, Papayas und Avocados. Baden kann man an der Bootsanlegestelle. Fürs leibliche Wohl sorgt ein Strandlokal. Der Zugang erfolgt über eine abenteuerliche Seilbahn. Die Zufahrt ist ab der Schnellstraßenabfahrt Cabo Girão/Quinta Grande ausgeschildert.

■ Estrada Padre António Dinis Henriques 1, Tel. 291 94 45 38, www.fajadospadres.com, Seilbahn Mo–Do 10–18, Fr–So 10–19, im Winter tgl. 11–18 Uhr, 10 €, Restaurant tgl. 10–18, im Winter nur bis 17 Uhr

28 Ribeira Brava

Malerischer Ortskern an der Mündung des »wilden Flusses«

 Information

■ Posto de Turismo, Forte São Bento, 9350-909 Ribeira Brava, Tel. 291 95 16 75, www.visitmadeira.pt, Mo–Fr 10–16, Sa 10–12.30 Uhr, So, 1. Jan., Ostersonntag, 25. und 26. Dez. geschl.

Passatwolken über dem Encumeada-Pass oberhalb von Ribeira Brava

Im älteren Teil von Ribeira Brava, um die Kirche, lässt sich in das alte portugiesische Kleinstadtleben eintauchen. Neben modernen Geschäften findet man noch alteingesessene Läden, in denen die Zeit stehen geblieben zu sein scheint.

Beliebter Treffpunkt ist die Esplanada am Meer mit Cafés und Restaurants. Westlich des Flusses erstreckt sich ein mittels Betonblöcken abgesicherter Strand.

Für eine erholsame Pause bietet sich der Garten des Herrenhauses Solar dos Herédia (heute das Rathaus) hinter der Kirche an.

 Sehenswert

Igreja de São Bento
| Kirche |

Der Grundstein für die Pfarrkirche dürfte um 1440 gelegt worden sein. 1504 schenkte König Manuel I. der Kirche ein Taufbecken, das mit den typischen Zierelementen der Manuelinik (S. 25) versehen ist: Taue, Reben, Delphine, Fabelwesen. Es steht in einer Seitenkapelle rechts vom Eingang. Die Kanzel und der Torbogen des ersten gotischen Portals, das heute den Zugang zur Capela do Santissimo bildet, stammen ebenfalls aus der Zeit König Manuels. Das Innere zieren flämische Gemälde sowie Figuren aus dem 16. und 17. Jh.

■ Rua Camacho 20, www.igrejarbrava. com, tgl. 7.30–18 Uhr, Messen tgl. 8, Sa 17.30, So 7, 10 und 17.30 Uhr

Museu Etnografico
| Museum |

Das Ethnografische Museum ist in den renovierten Räumen eines Stadthauses untergebracht, das Anfang des 17. Jh. dem Kloster Santa Clara in Funchal gehörte. Im 18. Jh. wurden in den Räumen eine Zuckerrohrpresse und Getreidemühlen betrieben. Die Ausstellungsstücke gewähren einen Einblick in das Landleben und das harte Dasein der Fischer.

■ Rua de São Francisco 24, Tel. 291 95 25 98, Di–Fr 9.30–17, Sa 10–12.30 und 13.30–17.30 Uhr, 3 €, ermäßigt 1,50 €

 Parken

Parkhaus am westlichen Flussufer in Strandnähe (7–24 Uhr, ca. 0,50 €/Std.).

 Restaurants

€ | Restaurant O Quartel Hier wird man für wenig Geld satt. Das Lokal befindet sich im Gebäude der freiwilligen Feuerwehr. Die Einrichtung ist schlicht: Leuchtstoffröhren, laufender Fernseher. Die Portionen sind groß – dem Hunger der Feuerwehrleute angepasst – und die Preise sehr günstig. ■ Edifício das Bombeiros, Tel. 291 95 11 48, tgl. geöffnet

€€ | Restaurant & Grill Muralha Gutes Fischrestaurant mit Blick aufs Meer. Wechselnder Tagesfisch. ■ Estrada Regional 220 Nr. 1, Tel. 291 95 25 92, Di–So 12–2 Uhr

 Einkaufen

Mercado Municipal Zwei Geschäfte harren im Marktgebäude aus, der Rest steht leer: im Erdgeschoss ein Souvenirgeschäft und auf der oberen Galerie ein Händler, der sich auf getrocknete Früchte, Kräuter, Blumen- und Müslisamen sowie Nüsse spezialisiert hat. ■ Rua Gago Coutinho e Sacadura Cabral, tgl. 7–19 Uhr

Kneipen, Bars und Clubs

⑱ Taberna da Poncha da Serra d'Água Auch wenn es viele Poncha-Lokale im Tal gibt, das Original ist seit fast 60 Jahren dieses hier. Unter einer mit Wein überrankten Pergola sitzt man an groben Holztischen. Drinnen ist es eng, manchmal laut, selten langweilig. ■ Serra de Água, Estrada Regional 104 Nr. 329, Tel. 291 95 23 13, tgl. 10–1 Uhr

 Events

Festa de São Pedro Am 28. und 29. Juni begeht Ribeira Brava das Fest zu Ehren des Heiligen Petrus, des Schutzpatrons der Fischer. Nachts findet eine Bootsprozession statt.

29 Ostflanke des Ribeira-Brava-Tals

Dörfer kleben wie Adlernester an steilen Bergflanken

Die Dörfer Boa Morte, Eiro do Mourão, Espigão und Fontes oberhalb von Ribeira Brava liegen an der steilen Ostflanke des Ribeira-Brava-Tals. Die Hänge sind mit Kiefern und Eukalyptus bewachsen. Bewässert werden die Felder von der durchflussstarken Levada do Norte. Die unterste Siedlung, Boa Morte, hat mit der ER 112 Schnellstraßenanschluss. Der Ort ist ein beliebter Ausgangspunkt für eine Levada-Wanderung: Am oberen Ortsrand verläuft die Levada do Norte. An ihr entlang kann man bis zum Cabo Girão (ca. 3 Std.) oder bis Estreito de Câmara de Lobos (ca. 4 Std.) wandern. Der Weg ist einfach, nur auf kurzen Abschnitten ist Schwindelfreiheit erforderlich.

Oberhalb der Levada do Norte wird die Straße schmaler. Ein Sträßchen zweigt in den Weiler Eira do Mourão ab. Der Großteil der Häuser hängt über dem Abgrund. In Handarbeit werden winzige Terrassenfelder bewirtschaftet. Kohl, Kartoffeln und Gemüse sind die Hauptfeldfrüchte. Nur in den untersten warmen Lagen gedeihen vereinzelt Bananen. Zu Beginn des 21. Jh. bekam das Dorf Straßenanschluss. Bis dahin gelangten die Bewohner nur über die Levada do Norte oder einen steilen Treppenweg in ihr Dorf. Die Schule am Ende der Straße ist zwar frisch renoviert, aber schon lange nicht mehr in Betrieb.

Ähnlich erging es den Bewohnern vom weiter nördlich gelegenen, noch abgeschiedeneren Espigão. Auch sie mussten mehrere Jahrhunderte warten, bis sie eine Straße bekamen. Anfang der 2000er-Jahre war es so weit. Im obersten Ort Fontes in über 900 m Höhe scheint die Zeit stehen geblieben zu sein. Am zentralen Dorfplatz gibt es einen kleinen Tante-Emma-Laden und eine Bar, in der die Einheimischen sich auf einen Kaffee treffen. Zu ihnen gesellen sich gelegentlich Wanderer, die das Hügelland um den 1436 m hohen Gipfel des Chão dos Terreiros erkunden.

30 Lugar de Baixo

Sonniger Ausflugsort mit Kiesstrand und Meerwasserlagune

Abgeschirmt von hohen Felswänden gilt Lugar de Baixo als der wärmste Ort Madeiras. Daher sind die hiesigen Bananen die besten. An der Uferstraße gibt es Cafés, die sich am Wochenende mit Einheimischen füllen. Der Strand

Der Kiesstrand von Ponta do Sol ist im Sommer meist gut besucht

ist mit großen Steinen übersät. Die Madeirenser stört das nicht, im Sommer kommen sie zum Baden her. Abseits der Durchgangsstraße verlaufen öffentliche Fußwege durch die Bananenplantagen. Die Bananen dürfen aber natürlich nicht gepflückt werden.

 Sehenswert

Lagoa de Lugar de Baixo
| Landschaft |
Bei einem Unwetter im Jahre 1804 stürzten Felsmassen die Steilwände hinunter. Dabei bildete sich eine vom Meer abgetrennte Senke, in der heute Wasservögel leben. Die »Lagoa« ist die einzige Lagune auf Madeira.
■ VE 3

P Parken

Parkplatz an der Uferstraße.

31 Ponta do Sol

Die Kleinstadt am Meer punktet mit einem malerischen Ortskern

Mit seinen mehr als 4500 Einwohnern gilt Ponta do Sol schon als größerer Ort. Dabei besteht das Zentrum aus nur wenigen Gassen, einer dominierenden Kirche und einer Hotelzeile an der Uferstraße. Am Kiesstrand gibt es ein Café/Restaurant, und im Sommer eröffnet eine urige Strandbar.

 Sehenswert

Igreja Nossa Senhora da Luz
| Kirche |
Die Pfarrkirche des Ortes vereint manuelinischen und manieristischen Baustil. Schmuckstück im Inneren ist ein Taufbecken aus grüner Keramik, das König Manuel I. der Gemeinde um

Ganz unten an der steilen Felswand schmiegt sich Madalena do Mar ans Meeresufer

das Jahr 1500 schenkte. Ein Blick lohnt auf die geschnitzte Holzdecke im Mudéjar-Stil.

■ Largo da Igreja

Centro Cultural John Dos Passos
| Ausstellung |

»Madeira ist Paradies und Gefängnis zugleich«. So hatte der Schriftsteller John Dos Passos (1896–1970) Madeira bei seinem Besuch 1960 bezeichnet. Sein Großvater Manuel Joaquim Dos Passos aus Ponta do Sol wanderte mit 18 Jahren in die USA aus. Wo heute das Kulturzentrum steht, befand sich das Wohnhaus der Familie. Im Kulturzentrum finden regelmäßig Ausstellungen statt. Im Rahmen einer Führung kann man sich die Bibliothek und Einrichtungen aus dem 19. Jh. zeigen lassen.

■ Rua do Príncipe D. Luís 3, Tel. 291 97 40 34, Mo–Fr 9–12.30 und 14–17 Uhr, Eintritt frei

P Parken

Großer **Parkplatz** an der Ortseinfahrt am Fluss (Parkautomat); an der Uferstraße sind einige **Parkbuchten** (mit Parkautomat).

Restaurants

€ | **Dos Amigos** Klassischer Landgasthof. Im Eingangsbereich befindet sich die Bar für die Einheimischen. Empfehlenswert sind die Hähnchenspieße oder der traditionelle Rindfleischspieß (»espetada«). Estrada dos Combatentes 89D, Tel. 291 97 43 35, www.restaurante dosamigos.com, tgl. 9.30–24 Uhr

€€ | **Mare Alta** Bar und Restaurant direkt am Kiesstrand. Der frische Fisch liegt in einer Vitrine aus. Avenida 1 de Maio, Tel. 291 97 34 65, tgl. 10–23 Uhr

€€ | **Sol Poente** Privilegierte Lage auf dem Felsen über der Bucht. Kleines

Restaurant mit Balkon über dem Meer. ◼ Cais da Ponta do Sol, Tel. 291 97 35 79, Di–So 9–2 Uhr, bei stürmischer See geschl.

 Kneipen, Bars und Clubs

Handcraft Bar Gemütliche Cocktailbar mit einer guten Auswahl an Tapas. Einige Tische stehen in der schmalen Altstadtgasse. ◼ Rua Dr. João Augusto Teixeira, Tel. 291 63 08 17, www.facebook/handcraftbar, tgl. 12–2 Uhr

The Old Pharmacy Kreativ eingerichtete Tapasbar im Bistrostil mit einem Geschäft für heimische Spezialitäten. ◼ Rua Dr. João Augusto Teixeira, Mobil 927 79 38 66, tgl. 9.30–2 Uhr

 Events

Festival Nacional e Internacional de Folclore Ende August veranstaltet die Gemeinde ein großes Folklorefestival. Es treten heimische und internationale Gruppen auf. Genauer Termin im Internet. ◼ www.visitmadeira.pt

 In der Umgebung

Levada do Moinho
| Wanderweg |

Im Ortsteil Lombada lagen im 15. und 16. Jh. die größten Zuckerrohrfelder. Sie gehörten dem Flamen João Esme-

ADAC *Wussten Sie schon?*

Die Brandung beendet die **Badesaison** in Ponta do Sol. Im Sommer liegen am Kiesstrand von Ponta do Sol Holzbretter als Liegeflächen. Badebetrieb ist so lange, bis die ersten Herbststürme das Meer so aufwühlen, dass die Anlagen fortgespült werden.

raldo. Das auffallende Gebäude in Altrosa war sein Herrensitz. Heute ist darin eine Schule untergebracht.

Gegenüber liegt die Capela Espirito Santo, an deren Vorplatz die Levada Moinho vorbeifließt. Sie ist eine der ältesten Levadas und trieb ursprünglich eine Wassermühle an. Zu Schauzwecken wurde die Mühle restauriert. Trittsichere Wanderer können entlang der Levada Moinho tief ins Tal der Ribeira do Ponta do Sol wandern. Der Weg bis an die Quelle der Levada dauert je nach Wegzustand 1,5 bis 2 Std.

Madalena do Mar

Im kleinen Fischerort mit langem Kiesstrand werden Bananen angebaut

Madalena do Mar besteht im Wesentlichen aus der Durchgangsstraße am Meer. Eine steile Felswand lässt nicht viel Platz und der ist mit Bananen kultiviert. Der schmale Kiesstreifen am Ufer erfreut im Sommer die Einheimischen. Eine Uferpromenade am Westrand lädt zu einem kurzen Spaziergang ein.

P **Parken**

Großer **Parkplatz** am Fluss, am Westrand des Ortes, Zufahrt über die Avenida 10 de Fevereiro.

 Restaurants

€€ | **Cantinho da Madalena** Das beliebte Fischrestaurant liegt direkt an der Uferstraße. Frischer Tagesfisch kann in einer Vitrine ausgesucht werden. ◼ Avenida 10 de Fevereiro 2, Mobil 963 53 82 75, tgl. 10–23 Uhr

€€ | **Praia Mar** Typische portugiesische Fischküche. Am Wochenende kom-

Im Blickpunkt

Bananen fürs Festland

Bananenplantagen sind im Südwesten allgegenwärtig. Allerdings ging der Anbau erst in den 1980er-Jahren los. Heute wäre er ohne Subventionen der EU nicht wirtschaftlich. Zu groß ist die Konkurrenz der tropischen Anbaugebiete. Die Bananenproduktion nimmt auf der Insel zu, zuletzt von 2015 auf 2016 um knapp 15 %. Es wurden ca. 20 000 Tonnen verkauft. Zum Vergleich: In Deutschland werden ca. 1,5 Millionen Tonnen Bananen jährlich gegessen. Die meisten Bananen der Insel werden nach Portugal exportiert, ein kleiner Teil, rund 15 %, bleibt auf der Insel.

men viele Einheimische. Das Restaurant liegt abseits. ■ Rua do IV Centenário, Tel. 291 63 54 75, Di–So 10–22 Uhr

Kneipen, Bars und Clubs

A Taberna da Madalena Originelle Bar direkt an der Uferstraße. Poncha ist ein Muss – oder ein Bier zu »lapas« (Napfschnecken). ■ Avenida 1° de Fevereiro, Mobil 967 57 36 90

33 Calheta

Weitläufige Gemeinde mit Sandstrand und ländlichem Tourismus

Wichtige Einkommensquelle war Anfang des 16. Jh. der Anbau von Zuckerrohr. Noch heute produziert eine Fabrik Zuckerrohrmelasse und Schnaps.

Calheta besteht aus mehreren Ortsteilen mit eigenen Zentren. Der Hauptortsteil Vila da Calheta mit der besten touristischen Infrastruktur liegt direkt am Meer: zwei große Hotels, ein Einkaufszentrum, Cafés und Restaurants, ein Jachthafen und eine Uferpromenade. Großer Beliebtheit erfreut sich der aufgeschüttete Sandstrand, vor allem an Sommerwochenenden, wenn viele einheimische Familien sich einen Strandtag gönnen.

Auf den sich westlich anschließenden Bergrücken verteilen sich die Häuser von Estrela da Calheta, der Wohnsiedlung von Calheta.

Weitläufig an den östlichen Hängen liegt Arco da Calheta. In den mittleren und tiefen Lagen sind in den letzten Jahren prächtige Anwesen entstanden. Auffallend sind die zahlreichen Drachenbäume.

Der Ortsteil Estreito da Calheta erstreckt sich auf den höheren Rücken im Westen und ist ein Dorf für sich, wo Sie in das Landleben eintauchen können.

Sehenswert

Engenho da Calheta
| Zuckerrohrfabrik |

Jedes Jahr im Frühjahr, meist eine Woche nach Ostern, beginnt für etwa einen Monat die Arbeit an den Pressen, 24 Stunden am Tag. Die LKWs mit dem Zuckerrohr stauen sich dann entlang der Straße. Die Anlage in Calheta ist die älteste Zuckerrohrfabrik Madeiras, die noch produziert. Ende des 19. Jh. wurde sie eingeweiht. Eine britische Dampfmaschine trieb die Pressen bis Anfang der 2000er-Jahre an. Heute übernehmen das Elektromotoren.

Die Produkte aus dem Zuckerrohrsaft sind Schnaps, Rum und Melasse – und

damit gesüßter »bolo de mel« (Honig-kuchen). In der angeschlossenen Pro-bierstube kann man verkosten und kaufen. Im Erdgeschoss befindet sich ein kleines Museum, in dem alte Anla-gen und Fotografien gezeigt werden.
■ Avenida Dom Manuel I. 29, Tel. 291 82 22 64, Di–Fr 8–19, Sa, So 10–19 Uhr, Ein-tritt frei

Casa das Mudas
| Kunstmuseum |

 Moderne Kunst zieht Interessierte ins ländliche Madeira

Auf dem Bergrücken westlich von Vila da Calheta thront das futuristische Gebäude des Museums für zeitgenös-sische Kunst. Der Architekt Paulo Da-vid aus Funchal wurde für den Bau 2005 für den europäischen Mies-van-der-Rohe-Award nominiert, den er al-lerdings nicht erhielt. Erst 2012 ge-wann er mit der Alvar-Aalto-Medaille einen verdienten Preis. Die düsteren Basaltwände sollen den vulkanischen Ursprung der Insel symbolisieren.

Auf 12 000 m^2 wird Kunst von 1960 bis in die heutige Zeit gezeigt.
Vom angeschlossenen Café ergibt sich ein schöner Blick auf Vila da Calheta.
■ Estrada Simão Gonçalves da Câmara 37, Estrela da Calheta, Tel. 291 82 09 00, Di–So 10–18 Uhr, 5 €

Verkehrsmittel

Bus Von Vila da Calheta nach Funchal mit Rodoeste-Linien 8, 80, 142 ca. 7 x tgl. ab der Uferstraße beim Hotel Calheta Beach. Von Estrela da Calheta nach Funchal fahren die Linien 80, 107, 115, 142. Bushaltestelle an der ER 222 nahe der Tankstelle. ■ www.rodoeste.pt

Das moderne Kunstmuseum Casa das Mudas ist auch architektonisch interessant

Parken

Gebührenpflichtige **Parkbuchten** entlang der Uferstraße (Parkautomaten); **Parkhaus** im Centro Comercial Ondapark (Supermarkt Pingo Doce).

Restaurants

€€ | **Convento das Vinhas** Über dem Ort gelegen. Vom Speiseraum hat man einen schönen Blick auf den Strand. Die Küche liefert gute einheimische Gerichte in großen Portionen. ■ Estrada Simão Gonçalves da Câmara 34, Tel. 291 82 21 64, tgl. 12–22.30 Uhr

€€ | **Rocha Mar** Restaurant an der Durchgangsstraße, mit Blick auf den Jachthafen. Der Schwerpunkt liegt auf Fisch und Meeresfrüchten. ■ Avenida Dom Manuel I., Mobil 965 57 52 89, tgl. geöffnet

Eisdielen

Manifattura di Gelato Manche sagen, hier gäbe es das beste Eis der Insel. In angenehmem Ambiente sitzt man direkt am Jachthafen und genießt die hausgemachten Eissorten. ■ Marina da Calheta, Tel. 291 82 36 45, www.manifatturadigelato.com, tgl. 11–22 Uhr

ADAC *Mittendrin*

Im **Restaurante Estrela** sind die Einheimischen unter sich. Vorne auf der Straße stehen ein paar Tische, gleich im Eingangsbereich liegt die Bar, in einem Seitenraum ist Restaurantbetrieb. Aufgetischt wird Hausmannskost, in der Bar Snacks, Tapas und Bier.
€ | ER 222/Caminho da Estrela, Tel. 291 82 21 45, tgl. ab 8 Uhr

Einkaufen

Artesanato e Bijutaria Calheta Winziges Geschäft mit einer gut sortierten Bücherabteilung (Reiseführer, Wanderführer, Blumenbücher) sowie Postkarten und Zeitungen. ■ Edifício Onda Parque, Tel. 291 82 35 71, Mo–Sa 9–12.30 und 14–19 Uhr

Events

Festa da Cana de Açúcar Zu Beginn der Zuckerrohrernte dreht sich in Calheta alles um das süße Rohr. Genauer Termin auf Facebook. ■ www.facebook.com/cmccalheta

Madeira Dig Festival Anfang Dez. steht Calheta im Zeichen der digitalen Musik. Veranstaltungsräume sind das Museum Casa das Mudas (S. 83) und das Hotel Estalagem da Ponta do Sol (S. 90). ■ www.madeiradig.com, 15 €

Erlebnisse

Lobosonda Wal- und Delphinbeobachtungsfahrten in einem historischen Fischerboot aus Holz. Die »Ribeira Brava« bietet 16 Personen Platz. Schneller und näher dran ist man auf dem Schlauchboot »Stanella« mit 12 Plätzen. Erläuterungen auf Deutsch. ■ Avenida Dom Manuel I., Porto de Recreio, Mobil 968 40 09 80, www.lobosonda.com, »Ribeira Brava«, 2–3 Std., 44 €, Kinder 22 €; »Stanella«, ca. 2 Std., 55 €, Kinder 33 €

Sport

Madeira Paragliding bietet für Anfänger die Möglichkeit, per Tandemflug die Insel von oben zu sehen. Hartmut Peters, der Betreiber, begann 1992 mit Gleitschirmfliegen und hat seit 1998

Erfahrungen im Tandemflug. Ein Flug dauert ca. 20 Min (75 €). Erläuterungen auf Deutsch. ■ Rua da Achada de Santo Antão 212, Arco da Calheta, Mobil 964 13 39 07, www.madeira-paragliding.com

RMK-Tours Vielseitiges Angebot an Sportaktivitäten wie Klettern, Mountainbikefahren, Trailrunning und Reiten, zudem eine große Palette an Tageswanderungen und Ausflügen. Die deutschen Betreiber sind seit 25 Jahren im Wander- und Outdoor-Tourismus auf Madeira tätig. ■ Avenida D. Manuel I., Centro Comercial Ondapark, Tel. 291 14 89 90, www.madeira-rmktours.com, Mo–Fr 9–18, Sa 9–13 Uhr

34 Prazeres

Dorf mit Ökogarten und originellen Vogelscheuchen

Für subtropische oder tropische Früchte ist es in Prazeres zu kalt. Die Bauern pflanzten stattdessen Gebrauchsgemüse wie Kohl, Kartoffeln, Süßkartoffeln oder Getreide an.
Eine Besonderheit des Ortes sind die kunstvollen Vogelscheuchen. Sie werden jedes Jahr prämiert.
Am Gedenktag des heiligen Antonius des Großen (17. Jan.) lassen die Bewohner ihre Haustiere vom Pfarrer des Dorfes segnen.

 Sehenswert

Quinta Pedagógica
| Garten |

 Lauschiges Teehaus in einem üppigen Garten

Aus dem Gelände um das ehemalige Pfarrhaus entstand im Jahre 2000 unter Leitung des Pfarrers Rui Sousa ein pädagogischer Hof. Ziel ist es, die

Bevölkerung für die ökologische Landwirtschaft zu sensibilisieren. Dazu gehören Versuchsfelder, ein Kräutergarten, ein kleines Freigehege für Vieh und ein Teehaus (Casa de Chá), in dem der eigene Kräutertee sowie Apfelwein (»sidra«) ausgeschenkt werden. Zum Verkauf stehen die Produkte der Umgebung: Marmeladen, ausgefallene Mehlsorten, Eier, Kräuter und Gemüse der Saison.
■ Sítio da Igreja, Tel. 291 82 22 04, tgl. 9–19, im Sommer bis 21 Uhr, Eintritt nur Tiergehege 1 €, sonst frei

 Parken

Parkplatz an der Regionalstraße ER 222, bei der Abfahrt Prazeres Zentrum; oder entlang der Dorfstraßen (beste Möglichkeit im Bereich der Kirche).

 Restaurants

€€ | **Casa Grelhados Prazeres Rurais** Exzellentes Grillrestaurant mit schnörkelloser Küche auf hohem Niveau. ■ Estrada dos Prazeres 72, Mobil 963 96 68 18, www.facebook.com/casagrelhados prazeresrurais, Fr–Mi 10–22 Uhr

Das kleine Paúl do Mar ist ein Treffpunkt für Wellenreiter

Kinder

Quinta Pedagógica (S. 85) Während Eltern oder Großeltern Kaffee oder Tee trinken, können Kinder sich im Tiergehege vergnügen. Neben den üblichen Haustieren wie Enten, Hühner, Schweine, Esel und Kaninchen laufen auf dem Gelände auch einige exotischere wie Lamas und Emus herum.

Wandern

Am Parkplatz des Hotels Jardim Atlântico beginnt ein spektakulärer Pflasterweg, der sich in Serpentinen steil nach Paúl do Mar hinunterzieht, der markierte Wanderweg **PR 19**. Dabei werden auf einer Strecke von knapp 2 km 500 Höhenmeter überwunden. Die durchschnittliche Gehzeit liegt bei 1,25–1,5 Std.

Am Nordrand von Prazeres verläuft die **Levada Nova**. An ihr kann man bis Calheta oder in den Westen bis Cabo wandern.

35 Jardim do Mar

Liebevoll herausgeputztes Fischerdorf mit Fußgängerzone

Ein 200-Seelen-Dorf wie aus dem Bilderbuch: Entlang der schmalen Gassen liegen blumengeschmückte Gärten, das Ortszentrum ist für den Autoverkehr gesperrt, Treppenabgänge führen zu Aussichtsplattformen über dem Meer und zur Uferpromenade. Am östlichen Ende liegt ein kleiner Fischerhafen. Vom Westende ergibt sich ein Blick auf den Steilabbruch, der Jardim do Mar vom Nachbarort Paúl do Mar trennt.

Parken

Großer **Parkplatz** am östlichen Ortseingang; weiterer Parkplatz am alten Fischereihafen, am östlichen Ende der Uferpromenade.

 Restaurants

€€ | **Joe's Bar** Mischung aus Cocktailbar und Restaurant. Nach vorne zum Hauptweg trifft man sich auf einen Drink, im lauschigen Hinterhof wird gegessen: portugiesisch-internationale Küche. ■ Vereda Porta da Igreja 12, Mobil 966 13 02 08, Mo–Sa 10–24 Uhr

 Kneipen, Bars und Clubs

㉑ Portinho Schicke, dabei gemütliche Bar am alten Fischereihafen mit Terrasse. Kleine Speisekarte mit frischen Fischgerichten. ■ Rua do Portinho 2, Tel. 291 82 71 35, tgl. 10–23 Uhr

36 Paúl do Mar

Ursprünglicher Fischerort und Spot für Wellenreiter

Paúl do Mar (port. »Meeressumpf«) liegt auf einer lang gezogenen schmalen Küstenebene. Mächtige Felswände erheben sich über den Ort. Lange Zeit war der einzige Zugang die spektakuläre Regionalstraße ER 223, die sich durch eine bizarre Felslandschaft windet. Zwei alte Pflasterwege durch die Felswand sind heute den Wanderern vorbehalten. Der eine führt nach Fajã da Ovelha, der andere schlängelt sich bis nach Prazeres (S. 85).
Am südöstlichen Ortsende liegt der ältere Teil der Siedlung. Ein kleiner Platz über dem Meer ist der zentrale Treffpunkt von Fischern, Bauern und Besuchern.
Am nordwestlichen Ende des grobkiesigen Strands finden sich bei entsprechender Brandung Wellenreiter ein. Die Bars dort haben sich auf die Kundschaft eingestellt; es herrscht eine lockere, kommunikative Atmosphäre.

 Parken

Parkplatz am Fischereihafen am östlichen Ortsende, ansonsten können Sie entlang der Straßen parken.

 Restaurants

€ | **Sol e Mar** Einfaches Restaurant zum Sattwerden mit deftiger Meeresküche.

Im Blickpunkt

Schwarzer Degenfisch, eine madeirische Spezialität

Der Schwarze Degenfisch (Aphanopus carbo, port.: Espada) wird ca. 1,50 m lang, hat große Augen und ein mit scharfen Zähnen bewehrtes Maul. Er lebt in großen Tiefen bis fast 2000 m.
Die Fischer auf Madeira angeln ihn nachts mit etwa 1–1,5 km langen Leinen (die schädlichen Tiefseeschleppnetze kommen nicht zum Einsatz). Nach einer gewissen Zeit holen sie die Schnüre mit Motorwinden ein, den schnellen Druckabfall überlebt der Espada nicht. Sein Fleisch ist weich und weiß, der Geschmack ist unaufdringlich. Auf Madeira wird er traditionell als Filet mit Banane und einer Soße auf Maracujabasis serviert.

Der Leuchtturm Ponta do Pargo markiert den äußersten Westen Madeiras

■ Avenida dos Pescadores Paulenses 80, Tel. 291 87 21 40, tgl. 7.30–23 Uhr

▼ Kneipen, Bars und Clubs

Bar de Pedra Beliebte Bar der Surfer. Das Publikum ist gesellig. Man trifft sich gern zum Sonnenuntergang. Bei großem Andrang weitet sich der Barbereich auf die Uferstraße aus. ■ Avenida dos Pescadores Paúlenses 158, am westlichen Ende der Uferstraße, Mobil 925 86 41 17, www.facebook/bardepedra

37 Fajã da Ovelha

Ruhig und einsam liegt das Dorf abseits des Geschehens

Frei übersetzt bedeutet der Ortsname »Schafweide«, weil hier früher Schafzucht betrieben wurde. Viele Bewohner verließen Fajã da Ovelha in der Vergangenheit, weil sie von der Landwirtschaft kaum mehr überleben konnten. Erst in letzter Zeit verzeichnete der Ort einen Zuzug von Ruhesuchenden. Heute leben immerhin noch knapp 900 Menschen hier.

Von der Pfarrkirche São João Batista (Johannes der Täufer) haben Sie einen schönen Blick auf die steilen Hänge. Weiter unterhalb befindet sich ein ausgeschilderter Aussichtspunkt über der Steilküste.

Am Südwestrand des Ortes führt ein alter Pflasterweg nach Paúl do Mar. Er zieht sich in engen Serpentinen die Steilwand hinunter. Rund 400 Höhenmeter werden dabei in einer knappen Stunde überwunden.

Parken

Parkbuchten unterhalb der Kirche, in der Travessa da Igreja (ER 223).

Restaurants

€€ | Precipício Das Restaurant liegt direkt an der Steilküste hoch über Paúl do Mar und bietet einen spektakulären Ausblick. In der Bar gibt es Snacks und Kuchen. ■ Sítio de São Lourenço Abaixo, Estrada Fajã da Ovelha (ER 223), Mobil 960 00 90 39, tgl. 10–22 Uhr

38 Ponta do Pargo

Ort mit dem höchstgelegenen Leuchtturm Portugals

Die Gründung des Ortes in exponierter Lage im äußersten Westen geht auf die Mitte des 16. Jh. zurück. Für Inselverhältnisse ist die Landschaft flach, sodass die Bauern beim Feldbau weniger Mühe hatten. Heute kommen sogar kleine Traktoren zum Einsatz. Sehenswert ist die Ponta da Vigia. Auf der markanten Felsnase westlich des Zentrums steht 312 m über dem Meer der höchstgelegene Leuchtturm Portugals, ausgeschildert mit »Farol«. Der Turm selbst ist nur 14 m hoch. Seine Reichweite beträgt 26 Seemeilen.

 Parken

Parkmöglichkeiten in den Straßen bei der Kirche und auf dem großen **Parkplatz** am Leuchtturm.

Gefällt Ihnen das?

Einen ähnlichen Ausblick auf die Steilküste wie am Ponta do Pargo haben Sie in **Cabo** (S. 89) unterhalb der Kapelle Nossa Senhora da Boa Morte und auf der Nordseite in **São Jorge** (S. 70) am Miradouro Cabo Aéro.

 Restaurants

€€ | Casa de Chá O Fio In dem schön gelegenen Teehaus kann man auch speisen. Es gibt Salate, Fisch- und Fleischgerichte in gemütlich-rustikalem Ambiente. ■ Rua do Miradouro, Tel. 291 88 25 25, Mo–Sa 11–21 Uhr

 Events

Festa do Pêro Das Apfelfest mit Musik und Verköstigung findet am 17. und 18. September statt.

39 Cabo (Sítio do Cabo)

Kaum besuchter Ort mit einsamem Aussichtspunkt

Die verbliebenen Einwohner von Cabo (keine hundert) halten ein oder zwei Kühe und beackern kleine Felder. Viele Häuser sind verlassen. Ein Besuch des Ortes lohnt wegen der kleinen Kapelle Nossa Senhora da Boa Morte. Ihr vorgelagert befindet sich einer der spektakulärsten und einsamsten Aussichtspunkte Madeiras. Auf einem schmalen Zementweg gelangt man zur Steilküste, die über 400 m senkrecht abfällt.

 Parken

Großer **Parkplatz** an der Wendeplatte bei der Kapelle Nossa Senhora da Boa Morte.

 Restaurants

€ | A Carreta Einfaches Ausflugslokal mit Barbereich und zwei Terrassen, das typische Madeira-Hausmannskost zubereitet. ■ Lombada Velha, ER 101 Nr. 434, Tel. 291 88 21 63, tgl. 8–22 Uhr

Südwesten

Übernachten

Die Unterkünfte konzentrieren sich im Südwesten in Ponta do Sol und Calheta, wobei die Auswahl in der Gemeinde Calheta vielfältiger ist. Alle Inselteile sind dank der gut ausgebauten Schnellstraße problemlos zu erreichen.

Ponta do Sol 79

€€ | **Enotel Baía** Das Hotel belegt fast die ganze Häuserzeile an der Uferstraße. Die Zimmer sind groß und haben Meerblick. Vielseitiges Frühstücks- und Abendbuffet. Mit Innenpool. ■ Avenida 1° de Maio, 9360-209 Ponta do Sol, Tel. 291 97 01 40, www.enotelbaia.com

22 €€ | **Estalagem da Ponta do Sol** Das Hotel liegt auf einem Felsrücken über dem Dorf. Die großen Zimmer sind hell und freundlich eingerichtet, ebenso die Aufenthaltsräume. Schöner Panoramapool im Garten. Im Restaurant wird mediterrane Küche serviert. Wellnessbereich mit Jacuzzi, Sauna, Dampfbad. ■ Quinta da Rochinha, 9360-529 Ponta do Sol, Tel. 291 97 02 00, www.pontadosol.com

€€ | **Hotel da Vila** Das schicke Hotel in einem restaurierten Stadthaus hat Zimmer mit Meerblick und Balkon. Gäste können die Einrichtungen des Hotels Estalagem da Ponta do Sol mitbenutzen. ■ Dua Dr. João Augusto Teixeira, 9360-215 Ponta do Sol, Tel. 291 97 33 56, www.pontadosol.com

Calheta 82

€€ | **Calhau Grande** Mit viel Engagement hat das Betreiberehepaar acht alte Bauernhäuser restauriert. Sie verteilen sich auf ein großes Terrassengelände, das auch als Obst- und Gemüsegarten dient. Lauschige Plätze und ein Pool laden zum Verweilen ein. Die Häuser sind unterschiedlich groß, aber alle mit Kochgelegenheit ausgestattet. ■ Caminho do Massapez, 9370-077 Arco da Calheta, Tel. 964 89 46 32, www.calhaugrande.com

€€ | **Madeira Wine Cottages** In vier Bungalows mit eigener kleiner Rasenfläche lassen sich geruhsame Ferien verbringen. Die Küchen sind gut ausgestattet. In jedem Bungalow können bis zu vier Personen unterkommen. Die holländische Gastgeberin spricht perfekt Deutsch. ■ Impasse de Belem 2, 9370-239 Estreito da Calheta, Tel. 919 91 66 21, www.madeirawinecottages.com

€€ | **Quinta Alegre** Die Quinta unter deutscher Leitung ist im Stil eines alten Herrenhauses gebaut. Die Zimmer sind unterschiedlich, aber alle groß. Dusch- und Poolwasser werden durch Sonnenkollektoren beheizt. Die Gäste können hoteleigene Elektroautos mieten und Tageswanderungen oder Wanderpakete mit Führer buchen. Ausgesprochen vielseitig ist das Frühstücksbuffet. ■ Rua do Hotel 48, 9370-227 Estreito da Calheta, Tel. 291 82 04 80, www.quinta-alegre.de

€€ | **Quinta das Vinhas** Auf einem alten Weingut wurde das Herrenhaus restauriert und zum Hotel mit sechs Doppelzimmern umgewandelt. Um den Pool gruppieren sich 14 einzelne Apartmenthäuser, die in altem Stil

neu errichtet wurden. ■ Lombo dos Serrões, 9370-221 Estreito da Calheta, Tel. 291 82 40 86, www.qdvmadeira.com

€€ | **Savoy Calheta Beach** Hotel direkt an der Uferpromenade mit hellen und modernen Zimmern. Zu den Annehmlichkeiten zählen Außen- und Innenpool, Sauna und Fitnessraum. ■ Avenida Dom Manuel I. 3, 9370-133 Vila da Calheta, Tel. 291 82 03 00, www.savoycalhetabeach.com

€€€ | **Savoy Saccharum** Das Hotel hat fast 250 Zimmer. Alle sind luxuriös eingerichtet. Für Entspannung sorgt ein großer Spa-Bereich. Spektakuläre Dachterrasse. ■ Rua Serra de Água 1, 9370-083 Vila da Calheta, Tel. 291 82 08 00, www.savoyresorts.com

Prazeres 85

€€ | **Jardim Atlântico** Hoch über der Steilküste liegen terrassenförmig die Zimmer und Apartments der Vier-Sterne-Anlage. Die Schlafzimmer sind nach dem Feng-Shui-Prinzip eingerichtet. In den Restaurants (à la carte und Buffet) liegt der Fokus auf naturbelassenen Lebensmitteln. ■ Lombo da Rocha, 9370-612 Prazeres, Tel. 291 82 02 20, www.jardimatlantico.com

Jardim do Mar 86

€ | **House of Cecilia** Individuelle Unterkunft mit zwei Zimmern und einem Apartment. Abends gibt es auf Wunsch Hausmannskost mit Zutaten aus dem eigenen Garten. ■ Vereda das Pedras, 9370-423 Jardim do Mar, Tel. 291 82 26 42, www.houseofcecilia.com

€€ | **Hotel Jardim do Mar** Solides Drei-Sterne-Hotel am Ortseingang. Die großen Zimmer haben einen Balkon, aber nicht alle Meerblick. ■ Sítio da Piedade 37, 9370-402 Jardim do Mar, Tel. 291 82 22 00, www.hoteljardimdomar.com

ADAC *Das besondere Hotel*

Joachim Wesler lebt schon lange auf der Insel und hat bei Fajã da Ovelha einen Kuhstall als Unterkunft hergerichtet. Das Erdgeschoss bot Platz für ein bis zwei Kühe, darüber war ein Speicher. Heute dürfte es eine der abgelegensten und ruhigsten Unterkünfte auf Madeira sein. Selbstversorger können in der vollständig ausgestatteten Küche kochen. Eine private Liegefläche schwebt über der Steilwand. Das Refugium ist nur zu Fuß über einen Treppenweg zu erreichen.

€€ | *Rua do Massapez, 9370-391 Fajã da Ovelha, Koordinaten: 32°46'36.6"N 17°14'21.0"W, www.atraveo.de, Objekt 778540*

Der Nordwesten und Paúl da Serra

Senkrecht fallen die begrünten Abhänge ins Meer. Nur auf schmalen Felsvorsprüngen konnte gesiedelt werden.

Unberührte Natur und eine Landschaft, die ans schottische Hochland erinnert, zeichnen die Hochebene Paúl da Serra aus. Besuchermagnet ist das Gebiet von Rabaçal mit seinen Levada-Wegen.

Der längste Fluss der Insel, die Ribeira da Janela, nimmt hier seinen Anfang und mündet bei Porto Moniz ins Meer. Ein märchenhafter Lorbeerwald mit über 500 Jahre alten Bäumen wächst im Hügelland des Fanal.

Die Dörfer im äußersten Nordwesten sind abgelegen, die Landwirtschaft erlaubt ein bescheidenes Überleben. Lediglich Porto Moniz hat sich in den letzten Jahren zu einem Urlaubs- und Ausflugsziel mit Hotels und Apartmentanlagen entwickelt. Ansonsten ist die Küste für eine ausgedehnte Besiedlung zu steil. Einzig Lavaströme und vor Jahrhunderten, gar Jahrtausenden abgestürzte Geröllmassen bildeten schmale Streifen, auf denen sich

wohnen lässt. Hier sind in den letzten dreihundert Jahren Bauerndörfer entstanden, die noch immer von Landwirtschaft und Weinbau leben.

Malerisch zeigt sich das winzige Zentrum von São Vicente. Es liegt an der Mündung eines ausgedehnten Talkessels, dessen Flanken von dichtem Lorbeerwald überzogen sind.

Der Encumeada-Pass war einst der wichtigste Übergang von Nord nach Süd. Aus 1000 m Höhe blickt man von hier auf beide Seiten der Insel.

In diesem Kapitel:

ADAC Top Tipps:

8 Piscinas Naturais, Porto Moniz
| Naturbad |

Ein Lavastrom floss ins Meer. Beim Erkalten bildeten sich Becken, die

in ein Freibad integriert wurden. Die Brandung im Nordwesten ist meist zu stark, um gefahrlos im offenen Meer zu schwimmen. Nur im geschützten Bereich der Meeresschwimmbecken in Porto Moniz lassen sich die Naturgewalten gesichert erleben.

 Rabaçal
| Waldlandschaft |
Im Gebiet von Rabaçal wurden im 19. Jh. die ersten staatlichen Levadas gebaut. Sie leiteten das Wasser von der Nord- auf die Südseite. Heute sind sie die beliebtesten Wanderstrecken der Insel.

ADAC Empfehlungen:

(23) **Véu da Noiva, Seixal**
| Aussichtspunkt |
Der Aussichtspunkt liegt unterhalb senkrechter Felswände bei Seixal. Von der Hochebene sind die abenteuerliche alte Küstenstraße und ein Wasserfall zu sehen.

(24) **Grutas e Centro do Vulcanismo, São Vicente**
| Höhle |
Die einzige für Besucher erschlossene Vulkanhöhle der Insel liegt im Tal von São Vicente. Eine Führung erkundet das Innere der Höhle.

Achadas da Cruz

Ursprüngliches Dorf, in dem die Zeit stehen geblieben scheint

Achadas da Cruz ist abgelegen. Die knapp 200 Einwohner leben mehr schlecht als recht von der Landwirtschaft. Sie bauen sättigende Nahrungsmittel wie Kohl, Kartoffeln oder Möhren an. Ihre Felder sind klein und schwer zu bewirtschaften.

 Sehenswert

Teleférico das Achadas da Cruz
| Seilbahn |

Am Nordrand des Dorfes liegt die Bergstation einer abenteuerlichen Gondelbahn. Sie führt auf eine schmale Küstenebene namens Calhau. Die Fahrt verlangt eine Portion Mut. Die Talstation ist nicht besetzt. Den Zeitpunkt der Auffahrt macht man am besten mit dem Wärter an der Bergstation aus oder ruft an. Unten befindet sich ein Telefon.

Wem die Fahrt zu heikel erscheint, der kann die Ebene auch zu Fuß erreichen. Direkt an der Bergstation beginnt ein ehemaliger Pflasterweg. In schmalen Serpentinen zieht er sich steil den fast senkrechten Küstenfelsen hinunter Trittsicherheit und Schwindelfreiheit sind erforderlich.

■ Caminho do Teleférico, Tel. 291 85 29 51, tgl. 8–12 und 13–18 Uhr, wetterbedingte Änderungen möglich, 3 €

 Parken

Parkplätze an der Durchgangsstraße und an der Bergstation der Seilbahn zum Calhau.

Die Seilbahn Teleférico das Achadas da Cruz sorgt für etwas Nervenkitzel

41 Santa Maria Madalena

Altes Viehzüchterdorf abseits der großen Besucherströme

Santa Maria Madalena (kurz: Santa) gehört zu den älteren Orten der Nordküste. Die erfolgreichen Jahre, in denen die Landwirtschaft eine wichtige Rolle spielte, sind vorbei.

Fährt man weiter in Richtung Porto Moniz, liegt nach ca. 3 km auf der rechten Seite der Aussichtspunkt Miradoura da Santinha. Hier ergibt sich ein erster Blick auf Porto Moniz.

Parken

Parkplätze an der Kirche und im Caminho da Fajã dos Barbuzados in Lamaçeiros.

Events

Feira Agropecuária Eine große Landwirtschaftsmesse findet an einem Wochenende Ende Juni/Anfang Juli auf einem Gelände an der Straße zum Hochplateau Paúl da Serra statt. Ursprünglich war es eine reine Veranstaltung für Viehzüchter. Heutzutage werden Obst und Gemüse zu kunstvollen Gebilden arrangiert. Das Ganze erinnert an riesige Blumenbouquets. Dazu gibt es zahlreiche Verpflegungsstände. ■ www.portomoniz.pt

Wandern

Eine leichte Wanderung ins Lorbeerwaldgebiet verläuft entlang der **Levada da Ribeira da Janela**. Der Weg ist breit und gut gesichert. Ausgangspunkt ist im Ortsteil Lamaçeiros beim Picknickplatz Parque de Merendas dos Lamaçeiras. Man folgt der Levada entgegen ihrer Fließrichtung ins Tal der Ribeira da Janela. Anfangs verläuft der Weg durch Eukalyptus- und Akazienwald. Bald mischen sich mächtige Lorbeerbäume unter. Nach ca. 1,5 Std. fließt die Levada durch einen Tunnel, hinter dem ein Wasserfall auf die Levada-Mauer donnert. Für die Durchquerung des Tunnels braucht man 10–15 Min. Eine Taschenlampe ist notwendig. Rückweg wie Hinweg.

42 Porto Moniz

Ehemaliger Fischer- und Weinanbauort mit wunderbarem Bad

Information

■ Posto de Turismo Rua Engenheiro Américo, Tel. 291 85 30 75, www.porto moniz.pt, Mo–Fr 10–17, Sa 10–12.30 Uhr, 1. Jan., 25. und 26. Dez. sowie Ostersonntag geschl.

Besuchermagnet ist die kunstvoll zwischen bizarren Lavaformationen angelegte Badeanlage. Ist die Brandung zum Baden zu stark, lassen sich entlang der Uferpromenade gigantische Wellen beobachten.

Am Ostrand befinden sich ebenfalls Lavabecken, die zum Baden geeignet sind. Dazwischen laden zahlreiche Cafés und Restaurants zum Verweilen ein. Die steilen Hänge im Hintergrund sind terrassiert. Hier wächst vorwiegend die Rebsorte Sercial, die den hochwertigen, trockenen Madeira-Wein liefert. Auffallend sind die Zäune der Felder aus Besenheidegeflecht, das die Rebstöcke vor dem Wind und salzhaltiger Luft schützt.

Sehenswert

Piscinas Naturais
| Naturbad |

Das spektakulärste Meeres-schwimmbad der Insel

Highlight von Porto Moniz sind die alten Lavaströme, die im Meer bizarr erkaltet sind. Aus den westlichen Felsbecken, Piscinas Naturais do Porto Moniz, ließ die Gemeinde ein Bad errichten. Auf ca. 4000 m² verteilen sich mehrere Becken zwischen schwarzem Lavagestein. Die Zugänge sind durch Betontreppen vereinfacht. Je nach Brandung schwappt Meerwasser in die Becken. Eine grüne Flagge zeigt an, dass Schwimmen möglich ist, bei gelber Flagge ist in den Außenbereichen Vorsicht geboten, bei roter Flagge ist das Bad geschlossen.

Die am Ostrand der Uferpromenade gelegenen Lavabecken Piscinas Naturais do Aquario sind frei zugänglich. Der Wasseraustausch findet ebenfalls auf natürliche Weise statt.

■ Piscinas Naturais do Porto Moniz, Rua Engenheiro Américo, Tel. 291 85 01 90, www.portomoniz.pt, im Sommer tgl. 9–19, im Winter 10–17.30 Uhr, 1,50 €
■ Piscinas Naturais do Aquario, Rua Forte de São João Batista, www.porto moniz.pt

Centro Ciênca Viva
| Ausstellung |

Ein modernes Museumskonzept vermittelt interaktiv das Leben des Lorbeerwalds. Regelmäßig werden Sonderausstellungen zu Naturthemen geboten.
■ Rotunda do Ilhéu Mole, Tel. 291 85 42 74, tgl. 10–18 Uhr, 3,50 €, Kombiticket mit Aquarium 8 €

 Verkehrsmittel

Bus Linien 80, 139 und 150 von Rodoeste halten in der Rua Engenheiro Américo bei den Meeresschwimmbecken. Zusätzlicher Pendelverkehr 2–3 x tgl. nach Ponta do Pargo.

Die Piscinas Naturais von Porto Moniz entstanden durch erkaltete Lavaströme

Parken

Parkplatz am Kreisverkehr beim Schwimmbad; großer Parkplatz am östlichen Ortsrand (0,80 €/Std., mit Parkautomat).

Restaurants

€€ | **Polo Norte** Das Restaurant besteht seit 1986. Hier essen am Wochenende gerne einheimische Familien. Neben einem großen Speiseraum gibt es noch eine Terrasse mit Blick aufs Meer. ■ Rotunda das Piscinas 2, Tel. 291 85 33 22, tgl. 12–22 Uhr

€€ | **Salgueiro** Der große Speiseraum hat eine Glasfront, sodass von jedem Tisch die Brandung zu sehen ist. Auf den Tisch kommt klassische Madeira-Küche zu angemessenen Preisen. ■ Rua do Lugar/Rua Engenheiro Américo, Tel. 291 85 21 39, www.salgueiroportomoniz. com, tgl. 8–22 Uhr

Einkaufen

Salgueiro Im Erdgeschoss des gleichnamigen Restaurants gibt es einen gut sortierten Andenkenladen mit einer großen Auswahl an Büchern über die Insel und zur Botanik, gestrickten Wollpullis, Jacken und Blumensamen. ■ Rua Engenheiro Américo, tgl. 9–19 Uhr

Kinder

Aquário da Madeira In der Festung São João Batista befindet sich ein privat geführtes Aquarium. Elf Becken gruppieren sich um ein großes zentrales. Schwerpunkt ist die Unterwasserwelt des Archipels. ■ Rua Forte de São João Batista, Tel. 291 85 03 40, tgl. 10–18 Uhr, 7 €

Events

Semana do Mar In der »Woche des Meeres« in der letzten Juliwoche werden Bootsprozessionen, eine Kanuregatta und ein Fischereiwettbewerb abgehalten. An Land sorgen Stände für die Verköstigung.

43 Ribeira da Janela

An den Hängen des längsten Flusses der Insel

Der kleine Bauernort Ribeira da Janela liegt an der steilen Nordwestflanke des gleichnamigen Flusses. Die Häuser hängen wie Schwalbennester am Hang. Die verbliebenen ca. 200 Einwohner versuchen von der Landwirtschaft zu leben. Doch es ist mühsam, an den steilen nördlichen Hängen ertragreich zu wirtschaften. Viele suchen daher ihr Glück im Tourismus.

Am oberen Ortsrand bietet der Aussichtspunkt Miradouro da Eira da Achada einen eindrucksvollen Blick auf die Nordküste.

Sehenswert

Foz da Ribeira da Janela
| Naturschauspiel |
An der Mündung der Ribeira da Janela ragt ein erkalteter Vulkanschlot als schmaler Zacken himmelwärts. Von

ADAC *Wussten Sie schon?*

Die **Ribeira da Janela** ist mit nur 12 km der längste Fluss Madeiras. Ihr Quellgebiet liegt in der Region bei Rabaçal. Das gesamte Wasser der Hochebene floss vor dem Levada-Bau ungenutzt ins Meer.

der Schnellstraße VE 2 führt eine Straße zum östlichen Flussufer. Von dort aus gelangt man über Stufen zu einem Durchbruch, hinter dem sich eine Aussichtsplattform direkt gegenüber dem ehemaligen Schlot befindet.

 Parken

Parkplätze an der Mündung der Ribeira da Janela und am Miradouro da Eira da Achada an der ER 209.

44 Seixal

Kleiner Weinbauort mit einem natürlichen Sandstrand

Seixal liegt auf einem schmalen Lavastrom. Im Hintergrund erheben sich mächtige Felswände, überzogen von urwüchsigem Lorbeerwald. Der Landstrich eignet sich gut für den Weinanbau. Zum Schutz sind die Terrassenfelder von Besenheidezäunen umgeben. Der Ort verfügt über einen der seltenen natürlichen Sandstrände, der Praia do Seixal.

 Sehenswert

Véu da Noiva
| Aussichtspunkt |

(23) *Blick auf die abenteuerliche Nordküstenstraße*

Östlich von Seixal liegt an der Schnellstraße VE 1 der spektakuläre Aussichtspunkt mit Blick auf die steile Nordküste, die alte Küstenstraße und einen Wasserfall. Dieser Wasserfall, der wie ein Brautschleier aus der Insel ragt, gab dem Platz seinen Namen »Brautschleier«.

■ ER 101, Seixal

Vom Aussichtspunkt Véu da Noiva blickt man auf den namengebenden Wasserfall

Parken

Parken entlang der Durchgangsstraße und in den Seitenstraßen. An der Praia do Seixal befinden sich **Parkplätze**.

 Restaurants

€€ | **Solmar** Freundliches Restaurant an der alten Durchgangsstraße mit Terrasse zum Meer hin. Serviert wird frische Atlantikküche. ■ ER 101, Tel. 291 85 48 54, www.residencialsolmar.com.pt, tgl. 9–23 Uhr

 Kneipen, Bars und Clubs

Lounge Bar Clube Naval Bar direkt am Strand mit gemütlichen Stühlen und im Sommer auch Liegen. ■ Cemitério do Seixal, Mobil 918 24 01 18, www.facebook.com/loungebarclubenavaldoseixal, tgl. 10–2 Uhr

 **45** Chão da Ribeira

Ungewöhnlich flaches Hochtal umgeben von altem Lorbeerwald

Das Hochtal Chão da Ribeira versteckt sich zwischen Lorbeerwäldern. Auf kleinen Feldterrassen wird noch in mühsamer Handarbeit Landwirtschaft betrieben. Am oberen Ende der Straße beginnt ein Naturlehrpfad, der Besuchern den Lorbeerwald (S. 106) näherbringt. Das Tal füllt sich am Wochenende, wenn einheimische Familien einen Tag in der Natur verbringen.

 Restaurants

€€ | **Casa de Pasto Justiniano** Bäuerlicher Landgasthof mit guter deftiger Küche vom Land und aus dem Meer.

Schmale Gassen durchziehen den schmucken Ort São Vicente

Spezialitäten sind die traditionellen Fleischspieße und die gegrillten Forellen. ■ ER 221, Tel. 291 85 45 59, www.casadepastojustiniano.com, Mi–Mo 10–20 Uhr

46 São Vicente

Die Stadt des Lorbeerwaldes mit hübschem Ortskern an der Küste

 Information

■ Posto de Informação Turística, Paços de Município, 9240-225 São Vicente, www.cm-saovicente.pt

Die Siedlung wurde im 15. Jh. erstmals erwähnt. Die Rechte einer Kleinstadt (»vila«) bekam sie 1774.

Gefällt Ihnen das?

Malerische Ortszentren wie in São Vicente sind selten. Neben **Funchal** (S. 18) verfügen noch **Ponta do Sol** (S. 79), **Santa Cruz** (S. 47) und **Machico** (S. 48) über schmale Gassen zwischen den Häusern.

An der Küstenstraße reihen sich zahlreiche Restaurants und Cafés.

Das Zentrum liegt 600 m im Landesinneren. Schmucke Gassen umgeben die Pfarrkirche. Am unteren Ortseingang hat die Gemeinde einen kleinen Botanischen Garten mit Gewächsen des Lorbeerwaldes anlegen lassen. In den oberen Ortsteilen wird Wein kultiviert: São Vicente ist bekannt für hervorragende weiße Tafelweine.

Weiter oben zieht sich der Lorbeerwald urwaldartig die Hänge hinauf.

 Sehenswert

Capelinha do Calhau

| Kapelle |

Die Kapelle versteckt sich hinter einem Felsen in der Flussmündung. Sie wurde 1692 so gebaut, dass sie vom Meer her von Piraten nicht gesehen werden konnte. Der Heilige Vinzenz von Valencia soll den Bewohnern des Ortes erschienen sein.

ER 211

Igreja do São Vicente

| Kirche |

Die Pfarrkirche geht auf das 17. Jh. zurück. Im Bodenmosaik vor dem Eingangsportal verweisen die Jahreszahl 304 und zwei Raben auf den Ortspatron, den Heiligen Vinzenz. 304 wurde er zu Tode gefoltert; seine Peiniger verweigerten ihm ein Begräbnis und

warfen ihn auf ein freies Feld. Engel und zwei Raben bewachten der Legende nach den Leichnam, damit er nicht von Tieren gefressen wurde. Die Jahreszahl 1943 deutet auf eine umfassende Renovierung der Kirche hin. Die Bemalung im Innern der Kirche stammt von dem deutschen Künstler Max Römer, der in den 1920er-Jahren nach Madeira gezogen war.

Largo da Igreja, Messe So 11.30 Uhr

Capela Torre de Nossa Senhora da Fátima

| **Aussichtspunkt** |

Der Pico da Cova ist vom ganzen Tal aus zu sehen. Auf ihm steht der Kirchturm Capela Torre de Nossa Senhora de Fátima. Die Bewohner errichteten den Turm – es fehlt ein Kirchenschiff – in den 1950er-Jahren. Er ist der Jungfrau von Fátima geweiht. Jeden 13. Mai findet eine Prozession statt. Auffallend ist die Turmuhr, die alle Talbewohner sehen können sollten.

Die Zufahrt von Süden erfolgt vom zweiten Kreisverkehr vom Encumeada-Tunnel aus, wo die beschilderte Straße zu den Höhlen abzweigt (s. u.).

Caminho do Pico da Cova

Grutas e Centro do Vulcanismo

| Höhle |

 Eine abenteuerliche Fahrt führt ins Innere der Erde

Die Vulkanhöhle soll vor ca. 890 000 Jahren durch einen Vulkanausbruch auf der Hochebene Paúl da Serra entstanden sein. Als ein Lavastrom an der Oberfläche erkaltete und erstarrte, floss unterirdisch das flüssige Gestein weiter und bildete Gänge, Hallen und Säle.

Die Höhle ist nur im Rahmen einer Führung zu besichtigen. Nach einem halbstündigen Rundgang bekommt man einen 3-D-Film gezeigt, der die Vorgänge im Erdinneren erklärt.

Die Gewässer in der Höhle haben ganzjährig eine Temperatur von 12 bis 13° C, die Lufttemperatur liegt zwischen 16 und 17° C.

Die Höhle ist am Kreisverkehr der Schnellstraße VE2, wo der Tunnel nach Ponta Delgada abzweigt, ausgeschildert. Wer von Süden kommt, folgt der Beschilderung ab dem zweiten Kreisverkehr nach dem Encumeada-Tunnel. ■ Sítio do Pé do Passo, Tel. 291 84 24 04, www.grutasecentrodovulcanismo.com, tgl. 10–18 Uhr, 8 €

 ## Verkehrsmittel

Bus Rodoeste-Busse fahren nach Funchal (Linien 6, 7 und 139, ca. 10-mal tgl.), nach Arco de São Jorge (Linie 6, ca. 3-mal tgl.) und nach Santa Madalena (Linien 139 und 150, 3–4-mal tgl.). Die Bushaltestelle für Fahrten nach Funchal liegt an der ER 104 auf Höhe des Stadtzentrums. Für Fahrten entlang der Nordküste liegt die Haltestelle weiter in Richtung Meer.

 ## Parken

Großer **Parkplatz** am südlichen Ortseingang; Parkbuchten an der ER 104 in Richtung Meer; weitere Parkmöglichkeiten an der Uferstraße.

ADAC *Mobil*

Die **alte Küstenstraße** (Antigua ER 101) von São Vicente nach Porto Moniz ist abschnittsweise als Einbahnstraße freigegeben (Fahrtrichtung Porto Moniz). Sie verläuft in der Felswand und bietet abenteuerliche Ausblicke.

 ## Restaurants

€€ | Caravela Solides Restaurant an der Uferstraße mit Terrasse. Gute einheimische Verpflegung. Die Portionen sind groß, die Qualität stimmt. ■ ER 101, Marginal São Vicente, Tel. 291 84 28 14, tgl. 11–23 Uhr

€€ | Estalagem do Vale Der Küchenchef des Hotelrestaurants legt Wert auf gehobene portugiesische Küche mit einem Hauch Moderne. Im Restaurant können auch auswärtige Gäste essen. Das Hotel liegt an der alten Landstraße ER 104. ■ Sitio das Feiteiras de Baixo, Tel. 291 84 01 60, www.estalagem dovale.com, tgl. 12–15 und 19.30–22 Uhr.

 ## Cafés

Paderia do Calhau Guter Kaffee und leckerer Kuchen sowie deftige Snacks zu günstigen Preisen. ■ ER 101, Tel. 291 84 27 99, tgl. 6–24 Uhr

 ## Kneipen, Bars und Clubs

Merceria Lealdade Die Wein- und Tapasbar bei der Kirche ist aus einem Tante-Emma-Laden hervorgegangen. Hier bekommt man verschiedene heimische Spezialitäten ansprechend serviert. ■ Rua da Fonte Velha, Tel. 291 84 23 98, www.fontelealdade.webnode.pt, Mo–Sa 9–24 Uhr

 ## Erlebnisse

Estalagem do Vale Küchenchef Roberto bietet Kochkurse für 2–8 Personen. In lockerer Atmosphäre werden Teilnehmer in die einheimische Kochkunst eingewiesen. ■ Sitio das Feiteiras de Baixo, Tel. 291 84 01 60, www.estalagem dovale.com

47 Boca da Encumeada

Blicke nach Nord und Süd inmitten von Lorbeerwald

Vom Miradouro da Encumeada ergibt sich ein Blick nach Süden ins Tal von Serra de Água bis nach Ribeira Brava und nach Norden ins Tal von São Vicente. Der Encumeada-Pass war seit der Besiedlung ein wichtiger Übergang. Mit 1007 m Höhe ist er vergleichsweise niedrig. Reste der alten Pflasterstraßen sind noch als Wanderwege erhalten. Der Caminho Real da Encumeada (PR 12) verläuft auf der Südseite bis zur Boca da Corrida (S. 39). Seine nördliche Fortsetzung ist der Caminho do Norte (PR 21), der durch dichten Lorbeerwald bis nach São Vicente führt.

 Parken

Parkplatz direkt oberhalb des Passes am Aussichtspunkt.

 Kneipen, Bars und Clubs

Bar Encumeada Einfache und urige Bar direkt am Pass. Deftige Snacks, belegte Brote und Kuchen sind im Angebot. ■ ER 228, Boca da Encumeada, tgl.

 Wandern

Direkt am Pass beginnt der Wanderweg **PR 17**. Auf ihm gelangen Sie in den hohen Lagen der Nordseite in 6–7 Std. auf die Straße, die vom Encumeada-Pass auf die Hochebene führt. Es lohnt sich, den Weg ein Stück zu gehen. Zunächst folgt man der Levada do Norte auf der Südseite. Nach ca. 20 Min. erreicht man einen Tunnel, durch den man auf die Nordseite gelangt. Wer eine gute Taschenlampe dabeihat und trittsicher ist, findet am anderen Ende eine mystische Landschaft. Planen Sie für die Tunnelquerung 15–20 Min. ein.

48 Bica da Cana

Spektakuläre Aussicht auf Hochebene und Gebirgskamm

Den umfassendsten Blick für Nichtwanderer bietet der Aussichtsberg Bica da Cana (1620 m). An der Regionalstraße ER 105 vom Encumeada-Pass nach Porto Moniz liegt nach knapp 9 km auf der rechten Seite das Forsthaus Bica da Cana. Von hier aus gelangt man zu Fuß in knapp zehn Minuten zum Aussichtspunkt. Bei guter Sicht hat man einen Blick über die Hochebene, nach Nordosten fallen die dunkelgrünen Flanken ins São-Vicente-Tal. Weiter im Osten sind die höchsten Berge zu erkennen: rechts mit der Radarkuppel der Pico do Arieiro, links daneben der gezackte Pico das Torres und noch weiter links der höchste Berg Pico Ruivo.

 Parken

Parkmöglichkeit an der ER 105.

49 Rabaçal

 Über 200 Jahre altes Levada-System und Reich der Wasserfälle

In den 1820er-Jahren begannen die Ingenieure mit den ersten Planungen. Baubeginn war 1835. Ziel war es, Wasser, das auf die Nordseite fließt, nach Süden zu leiten. Nach 20 Jahren Bau-

Im Blickpunkt

Levadas – kleine Kanäle für durstige Felder

Wie lang das Levada-System ist, weiß niemand exakt. Zählt man nur die großen Levadas, dürften es 1400 bis 1500 km sein.

Seit Beginn der Besiedlung ließen die Großgrundbesitzer Kanäle ziehen, um Wasser auf die Zuckerrohrfelder zu leiten. Die ersten Levadas waren kurze Zuflüsse mit Holzverschalung. Der Wasserbedarf wuchs mit der Landwirtschaft und der Bevölkerungsdichte, und so wurde der Levada-Bau perfektioniert. Waren die ersten Kanäle einfach und gerade, folgten sie bald in geringem Gefälle den Windungen der Höhenlinien. Als die Bauern ab dem 18. Jh. bis in Höhen von 600 m wirtschafteten, wurde das Wasser auf der Südseite knapp. Bis ins 19. Jh. waren alle Levadas privat. Das Wasser von der Nordseite auf die Südseite zu bringen, verlangte größere Anstrengungen. Die erste staatliche Levada war die heutige Levada do Risco (S. 104). Kurz darauf folgten die Levada da Serra do Faial bei Funchal und die Levada do Furado bei Ribeiro Frio (S. 64). Mitte des 20. Jh. begann der Ausbau von Wasserkraftwerken, die von den Levadas angetrieben wurden. Inzwischen ist der Hauptkamm der Insel von zahlreichen Levada-Tunneln durchbohrt. Der westliche Teil von Funchal wird von der Levada do Norte versorgt, der östliche Teil von der Levada dos Tornos. Beide Kanäle beziehen ihr Wasser von der Nordseite. Durch das Relief der Insel war der Bau von Levadas stets mit Risiken für die Arbeiter verbunden. Steinschlag, Abstürze, Verletzungen waren ihr Tagesgeschäft. Heute verläuft an jeder Levada ein Weg, der ursprünglich für die Wasserwärter (»levadeiros«) angelegt wurde. Einige der Wartungswege sind heute offizielle Wanderwege.

zeit floss am 16. September 1855 zum ersten Mal in der Geschichte der Insel Wasser durch einen Tunnel von Nord nach Süd. Diese erste Levada ist als Levada do Risco bekannt. Etliche Jahre später (1890) wurde etwa 100 m tiefer eine zweite Levada fertiggestellt. Heute ist sie eine der beliebtesten Wander-Levadas, die sich aus dem Quelltopf der 25 Fontes (25 Quellen) speist. Trotz ihres musealen Charakters dient sie der Wasserversorgung und treibt ein Kraftwerk an.

Im 20. Jh. kamen die Levada Rocha Vermelha (unterhalb der 25-Fontes-Levada) und die Levada do Alecrim rund 200 m oberhalb der Risco-Levada hinzu.

Eines der ehemaligen Gebäude der Ingenieure dient heute der Forstverwaltung, in einem anderen ist das Rabaçal Natur Spot Café untergebracht. Drum herum finden sich idyllische Pausenplätze. Schon im 19. Jh., als das Levada-System gebaut wurde, kamen erste Touristen in das Gebiet. Damals war der Besuch jedoch ein abenteuerliches Unterfangen.

 Sehenswert

Casas do Rabaçal
| Waldlandschaft |
Bei den Casas do Rabaçal handelt es sich um die ehemaligen Gebäude der Ingenieure. Sie liegen mitten im Lorbeerwaldgebiet. Mit dem privaten Fahrzeug sind sie nicht zu erreichen. Zu Fuß benötigt man vom Parkplatz an der Straße ER 105 auf einer schmalen Straße ca. 30 Min. im Abstieg und ca. 40 Min. im Aufstieg. 200 Höhenmeter sind jeweils zu überwinden.

Cascata do Risco
| Wasserfall |
Die kürzeste und einfachste Wanderung ist Tour PR 6.1. Sie führt entlang der Risco-Levada bis zum gleichnamigen Wasserfall. Die Levada ist nach kurzem Abstieg von den Häusern von Rabaçal schnell erreicht. Ihr folgt man nach rechts bis zur Aussichtsplattform direkt unter dem Wasserfall, der aus über 100 m die Wand hinunterstürzt.

25 Fontes
| Naturschauspiel |
Der Quelltopf mit den namengebenden 25 Quellen ist nur auf einer Wanderung entlang der gleichnamigen Levada zu erreichen (markierter Wanderweg PR 6). Rutschfestes Schuhwerk ist angebracht.

Von den Häusern von Rabaçal steigt man zunächst zur Risco-Levada ab.

Auf dem Weg zur Levada do Risco und Levada 25 Fontes bei Rabaçal

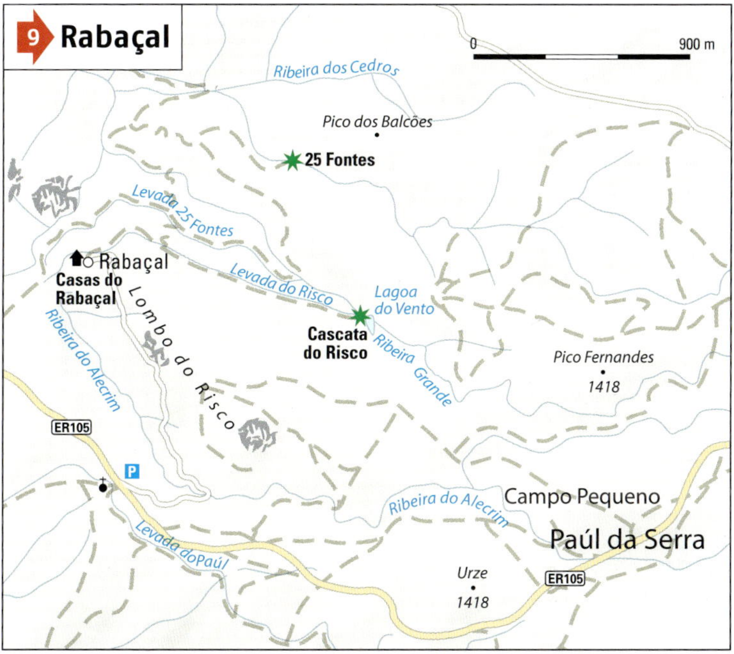

9 Rabaçal

Ribeira dos Cedros

Pico dos Balcões

★ **25 Fontes**

Levada 25 Fontes

⛰○ Rabaçal
Casas do Rabaçal

Levada do Risco

Lagoa do Vento

Cascata do Risco ★

Ribeira do Alecrim

L o m b o d o R i s c o

Ribeira Grande

Pico Fernandes
• 1418

ER105

P

Levada do Paúl

Ribeira do Alecrim

Campo Pequeno

Paúl da Serra

Urze
• 1418

ER105

0 ——— 900 m

Schilder weisen nach »Risco« und »25 Fontes«. An der Risco-Levada wendet man sich nach rechts und folgt ihr bis zu einer deutlichen Abzweigung nach links unten (Schild: »25 Fontes«). Ein steiler Treppenweg endet an der Levada der 25 Quellen. An ihr wendet man sich nach rechts und folgt ihr für ca. 45 Min., bis rechts Stufen in den Kessel der 25 Quellen abzweigen (beschildert). Für Hin- und Rückweg ab den Häusern von Rabaçal braucht man rund zwei Stunden. Wer Risco-Wasserfall und die 25 Quellen kombinieren möchte, muss ab den Häusern von Rabaçal mit drei Stunden rechnen.

P Parken

Großer **Erdparkplatz** an der ER 105 bei der gesperrten Zufahrtsstraße zu den Casas do Rabaçal (gebührenfrei).

50 Fanal

Alte Vulkanlandschaft mit beeindruckenden Lorbeerbäumen

Das Gebiet um das Forsthaus Fanal umfasst alte Vulkanschlote, die sich als niedrige Gipfel zeigen, sowie einen kleinen Kratersee, der nach stärkeren Regenfällen mit Wasser gefüllt ist. Tische und Bänke laden zur Rast. Der See liegt vom Forsthaus ca. 1 km entlang der ER 209 in Richtung Porto Moniz.

ADAC *Mobil*

Vom Parkplatz an der Regionalstraße ER 105 pendelt tgl. ab 9 Uhr ein **Kleinbus**. Bei großem Andrang ca. alle 20 Min., Hin- und Rückfahrt 5 €, Einzelstrecke 3 €.

Im Bereich des Forsthauses wachsen die ältesten Lorbeerbäume der Insel. Am eindrucksvollsten sind die Stinklorbeerbäume (Ocotea foetens). Der Kanarische Lorbeer (Laurus novocanariensis) ist nicht so mächtig, kann aber neben seinen Nachbarn gut bestehen. Die eindrucksvollsten Bäume wachsen in unmittelbarer Nähe zum Forsthaus. Besonders schützenswerte sind eingezäunt.

 Parken

Parkbuchten an der Zufahrt zum Forsthaus am Fanal; **Erdparkplatz** an der ER 209.

 Wandern

Das Forsthaus am Fanal ist der Endpunkt des offiziellen Wanderwegs **PR 13** (Assobiadores–Paúl da Serra–Fanal). Der komplette Weg könnte ohne organisierten Rücktransport zu lang sein (ca. 11 km, Gehzeit 3–4 Std.). Dennoch lohnt es sich, vom Forsthaus ein Stück den Schildern in Richtung Paúl da Serra zu folgen. Nach ca. 20 Min. gelangt man in einen märchenhaften Lorbeerwald mit uralten knorrigen, mit Moos, Flechten und Farnen überzogenen Bäumen. Trotz der Markierung mit gelb-roten Farbstreifen ist die Gefahr, sich bei Nebel zu verlaufen, groß.

Im Blickpunkt

Weltnaturerbe Lorbeerwald

Die zwei wichtigsten Lorbeerarten auf Madeira sind der Kanarische Lorbeer (Laurus novocanariensis) und der Stinklorbeer (Ocotea foetens). Die Früchte des Kanarischen Lorbeers erinnern an Oliven, die des Stinklorbeers ähneln Eicheln. Nur die Blätter des Kanarischen Lorbeers werden zum Würzen benutzt. Der Lorbeerwald auf Madeira ist seit 1999 UNESCO-Weltnaturerbe. Mit 76 endemischen Pflanzen, ist er für die Biodiversität wichtig.

Der Lorbeerwald ist ein Reliktwald aus dem Tertiär, der vor 15–40 Millionen Jahren das europäische Festland bedeckte. Ökologisch steht er zwischen den tropischen Gebirgswäldern und den mediterranen Hartlaubwäldern. Der Wald ist an ein perhumides Klima gebunden, mit Jahresniederschlägen zwischen 2000 bis 6000 mm und einer Durchschnittstemperatur von 13–17 °C. In hohen Lagen auf Madeira verträgt er kurze Frostperioden.

Durch das ausgeglichene Klima haben die Bäume kaum ausgebildete Jahresringe und eine dünne Borke. Typisch sind epiphytische Gewächse wie Moose und Farne, die dem Baum nicht schaden.

Als degradierter Lorbeerwald wird eine Mischvegetation aus Baumheidegebüsch und Lorbeerwald bezeichnet, wie sie im Gebiet von Rabaçal vorherrscht. Er entsteht auf natürliche Weise an dem Wind ausgesetzten Stellen, durch Feuer und Vulkanausbrüche oder durch Abholzung.

Auf Madeira bedeckt der Lorbeerwald ca. 15 000 ha. Es ist das weltweit größte zusammenhängende Lorbeerwaldgebiet. Die ältesten Bäume auf der Insel sind rund 800 Jahre alt und stehen am Fanal am Nordwestrand der Hochebene.

Übernachten

Der Nordwesten ist aufgrund des Reliefs dünn besiedelt. Ferienunterkünfte konzentrieren sich auf Porto Moniz und São Vicente. In den Dörfern an der Küste sind vereinzelt Pensionen und Apartments zu mieten. Der Nordwesten und São Vicente sind durch Schnellstraßen gut mit dem Rest der Insel verbunden.

Porto Moniz 95

€€ | **Aqua Natura** Alle Zimmer in dem modernen Vier-Sterne-Hotel haben Balkon und Meerblick. Das Hotel liegt direkt an den Meeresschwimmbecken. Die Gäste können eine Sauna mit Jacuzzi und einen Fitnessraum benutzen. ■ Rotunda da Piscina 3, 9270-156 Porto Moniz, Tel. 291 64 01 00, www.aquanaturamadeira.com

€€ | **Hotel Euro Moniz** Sauberes Mittelklassehotel mit schöner Dachterrasse. Vorsicht: Es gibt Zimmer mit Landsicht und ohne Balkon. Die Benutzung der Sauna ist kostenlos. ■ Rua das Alfarrobeiras 4, 9270-095 Porto Moniz, Tel. 291 85 00 50, www.hotel euromoniz.com

€€ | **Hotel Moniz Sol** Das moderne Hotel verfügt über 47 Zimmer, alle mit Balkon und Meerblick. Das Moniz Sol ist mit vier Sternen kategorisiert. Den Gästen steht ein Innenpool zur Verfügung. ■ Rua do Forte de São João Baptista, 9270-095 Porto Moniz, Tel. 291 85 01 50, www.hotelmonizsol.pt

€€ | **Hotel Salgueiro** Das Salgueiro liegt zentral. Die Ausstattung entspricht solidem Drei-Sterne-Niveau. Nicht alle Zimmer haben Meerblick. Einige Doppelzimmer verfügen über eine Kochgelegenheit. ■ Lugar do Tenente 34, 9270-156 Porto Moniz, Tel. 291 85 00 80, www.hotelsalgueiro.com

Seixal 98

€ | **Estalagem Brisa Mar** Die Unterkunft direkt am Hafen hat Zimmer mit Balkon. Das Restaurant ist wegen seiner Fischküche beliebt. ■ Cais do Seixal, 9270-130 Seixal, Tel. 291 85 44 76

São Vicente 99

€€ | **Estalagem do Vale** Gediegene Unterkunft mit einem Neubau an einem Herrenhaus aus dem 19. Jh. Kleine, aber gemütliche Zimmer, behagliche Aufenthaltsräume. Ganzjährig nutzbarer Außenpool. Empfehlenswertes Restaurant mit moderner portugiesischer Küche. ■ Sítio das Feiteiras de Baixo, 9240-206 São Vicente, Tel. 291 84 01 60, www.estalagemdovale.com

€€ | **Solar da Bica** Ein ehemaliges Herrenhaus mit schönem Garten wurde zur Unterkunft umgewandelt. Nur Frühstück. ■ Sítio dos Lameiros, 9240-211 São Vicente, Tel. 291 84 20 18, www.solardabica.pt

Boca da Encumeada 102

€ | **Hotel Encumeada** Auf knapp 900 m an der Passstraße mit Blick auf die Bergwelt. Die 49 Zimmer sind ordentlich und sauber. ■ ER 228, Feiteiras, 9350-330 Serra de Água, Tel. 291 95 12 82, www.hotelencumeada.com

Porto Santo und Ilhas Desertas

Wenn Madeirenser Urlaub machen wollen, kommen sie nach Porto Santo und genießen das Strandleben

Im Vergleich zu Madeira ist Porto Santo flach. Der höchste Berg ist nur etwas über 500 m hoch. Dadurch stauen sich nur wenige Wolken an der Insel und es regnet selten. Für den Tourismus unschlagbar wichtig ist der lange Sandstrand. Selbst wenn im Sommer zahlreiche Bewohner von Madeira ihren Urlaub hier verbringen, findet sich immer noch ein ruhiges Fleckchen. Wer etwas mehr Highlife möchte, bleibt in Stadtnähe. Aber eine Partyzone darf man auf Porto Santo nicht erwarten. Selbst zur Hochsaison geht hier nicht die Post ab.

Die Hauptstadt Vila Baleira hat zwar den portugiesischen Großstadttitel »Cidade«, für eine Großstadt fehlt ihr aber die wuselige Dynamik. Sie ist vielmehr ein Dorf mit städtisch anmutenden Bereichen wie einer Fußgängerzone und ein paar Cafés. Außerhalb von Vila Baleira ist die Insel ländlich und fast schon wüstenhaft. Im nördlichen Camacha leben fast nur Bauern, während die östlichen Berglandschaften kaum bewohnt sind. Viele ehemalige Bewohner zog es in die Stadt.

Porto Santo

Ilhéu de Fora

Baixa do Meio

Ilhéu da Fonte da Areia
Baixa dos Barbeiros
Focinho da Forte
Ilhéu das Cenouras

Praia das Salemas

Rocha do Gaspararo

Pedregal · *Pico Branco 450* · *Furnas das Amasiadas*

Fonte da Areia · **54** · Camacha *Pico do Facho 516* · Serra de Dentro **55**

Ponta do Varadouro · *125* · **53** · *Pico do Castelo 437* · *Pico do Concelho* · **55** · *Ponta dos Ferreiros*

Bárbara Gomes 227 · Dragoal · **25** · Serra de Fora

Eiras 176 · *138* · Tanque · *Pico do Macarico •285*

Campo de Cima · **10** · **51** · Portela · *Ponta de Galé*

Lapeiras · Miradouro do Moinho · **Vila Baleira**

Ilhéu 119 de Cima

Ponta da Canaveira · Pico de Ana Ferreira · **52** · Campo de Baixo

283 · ER120 · *Campo de Baixo*

115 · *117* · Ponta · *Cabeço da Ponta*

Ilhéu de Ferro · Pico das Flores *184*

Ponta da Calheta

Atlantischer Ozean

0   3 km

179

Ilhéu de Baixo

167 · *funchal*

Ponta do Ilhéu

Zum Archipel Madeira gehören noch die südlich gelegenen unbewohnten Ilhas Desertas (auf Deutsch »Wüsteninseln«). Es gibt dort keine Süßwasserquellen. Die besonders seltene Mittelmeermönchsrobbe lebt an den Küsten der Inseln. Sie steht unter strengem Schutz.

In diesem Kapitel:

ADAC Top Tipps:

10 **Praia do Porto Santo, Vila Baleira**
| Strand |
9 km natürlicher Sandstrand sind eine Besonderheit auf dem Madeira-Archipel, zumal die große Nachbarinsel nicht über eine solche kostbare Ressource verfügt. 111

ADAC Empfehlungen:

25 **Casa Colombo – Museu do Porto Santo, Vila Baleira**
| Museum |
Das Haus, in dem Christoph Kolumbus gewohnt haben soll, ist heute ein Museum, das Stücke aus der glorreichen Zeit ausstellt. 112

51 Vila Baleira (Cidade do Porto Santo)

Schönster Sandstrand des Archipels und ruhige Landstadt

![Vila Baleira Panorama]

Vila Baleira ist zwar das Zentrum von Porto Santo, aber dennoch sehr beschaulich

 i Information

■ Posto de Turismo, Avenida Dr. Manuel Gregório Pestana Junior, 9400-171 Porto Santo, Tel. 291 98 52 44, www.vistiporto santo.pt, Mo–Fr 9–17.30, Sa 10–12.30 Uhr
■ Parken: siehe S. 113

Wenn die Bewohner von Madeira Strandurlaub machen wollen, ist Porto Santo ihre erste Wahl. Im Umfeld der Hauptstadt stehen die meisten Unterkünfte und die beste touristische Infrastruktur zur Verfügung.

Vila Baleira – den offiziellen Namen Cidade do Porto Santo benutzt niemand – ist mit etwas über 2500 Einwohnern die einzige Stadt der Insel. An Wochenenden im Sommer vervierfacht sich die Einwohnerzahl. Das Zentrum ist trotz allem beschaulich. Das städtische Leben spielt sich hauptsächlich am Largo do Pelourinho und in den angrenzenden Fußgängerzonen ab, wo sich zahlreiche Cafés und Restaurants befinden. Bis 1834 stand auf dem Platz der Pranger (»pelourinho«), wo Verbrecher bestraft und Sklaven verkauft wurden. Flanieren lässt sich an der mit Palmen gesäumten Uferpromenade.

Porto Santo wurde im Jahr 1418 entdeckt, ein Jahr vor der großen Nachbarinsel Madeira. Schon bald begann

Plan
S. 113

Sehenswert

1 Cais Velho
| Kai |

Der alte Kai von 1929 ist heute nicht mehr als solcher in Betrieb. Er dient als Flaniermeile und Aussichtspunkt mit Blick über Stadt und Strand. Gleich am Anfang des Stegs erhebt sich der Padrão das Descobertas. Die Steinsäule honoriert die portugiesischen Entdeckungsfahrer. Seit seiner Einweihung im August 1960 gehen die Meinungen in der Bevölkerung über das Kunstwerk auseinander. Das Denkmal hat den Beinamen Pau de Sabão (»Stück Seife«) bekommen.

2 Praia do Porto Santo
| Strand |

10 *Der schönste Strand der gesamten Inselgruppe*

9 km Sandstrand sind nicht nur auf dem Madeira-Archipel etwas Besonderes. Die Strandzone beginnt direkt

die Besiedlung unter dem ersten Gouverneur Bartolomeu Perestrelo. Seine Tochter Dona Filipa de Perestrelo e Moniz heiratete 1479 Christoph Kolumbus, der daraufhin einige Jahre auf Porto Santo lebte und sich als Zuckerhändler betätigte. Dafür verbrachte er allerdings die meiste Zeit auf Madeira.

Wirtschaftlich stand Porto Santo in den folgenden Jahrhunderten immer im Schatten seiner großen Schwester Madeira. Lediglich ihre strategisch wichtige Lage bescherte der Insel einigen Wohlstand. Heutzutage ist hingegen der Tourismus eine wichtige Einnahmequelle.

ADAC *Wussten Sie schon?*

Kolumbus soll am Strand von Porto Santo die Samen der **Affenleiter** (Entada gigas) gefunden haben. Dabei handelt es sich um eine tropische Lianenart, die in der Karibik heimisch ist. Die herzförmigen Samen können einen Durchmesser von bis zu 5 cm erreichen und sind in der Lage, ohne Schaden weite Strecken im Meer zu überwinden. Die Samen sind auch unter dem Namen »Kolumbusbohne« bekannt.

am Cais von Vila Baleira und zieht sich von dort ein Stück in Richtung Osten bis zum Jachthafen. Weitläufiger ist der Strand in Richtung Westen, wo er sich bis an den Südwestzipfel zur Ponta da Calheta zieht.

Der Abschnitt direkt im Stadtbereich ist bewacht, es gibt Duschen und Umkleidekabinen. Weiter im Westen wird der Strand natürlicher, zum Land hin begrenzt ihn ein Dünengürtel. Am westlichen Ende des Strands bei Ponta da Calheta erwartet Sie wieder eine strandübliche Infrastruktur mit sanitären Anlagen und einem guten Strandrestaurant (O Calhetas, Tel. 291 98 53 22, tgl. 10–23 Uhr).

Der helle Sand ist anders als die meisten anderen Inselstrände nicht vulkanischen Ursprungs, sondern besteht aus zerriebenen Muschelschalen.

ADAC *Mobil*

Die Firma **Angie Travel** bedient die ganze Insel. Es gibt auf Porto Santo fünf Buslinien: Linie 1 bedient den Norden mit Camacha (ca. 5-mal tgl.), Linie 2 fährt in den östlichen Teil (ca. 2-mal tgl.), Linie 3 verbindet Campo de Baixo mit der Hauptstadt (ca. 8-mal tgl.), mit Linie 4 gelangt man in den Westteil bis zur Ponta da Calheta (ca. 6-mal tgl.), und Linie 5 ist der Fährzubringer (Abfahrt vom Zentrum der Stadt ca. 45 Min. vor Abfahrt der Fähre nach Madeira). Die zentrale Haltestelle liegt in der Avenida Dr. Manuel Pestana Junior bei der Tankstelle und beim Taxistand im Stadtzentrum.
Avenida Dr. Manuel Pestana Junior, Tel. 291 98 07 00, www.moinho rentacar.com

③ Casa da Câmara
| Architektur |

Das ehemalige Rathaus liegt am zentralen Platz Largo do Pelourinho. Es stammt aus dem 16. Jh. und zeigt Elemente der portugiesischen Renaissancearchitektur. Über dem Eingang im ersten Stock ist das Landeswappen mit der Königskrone in Stein gehauen. Drei Drachenbäume schmücken die Fassade.
■ Largo do Pelourinho

④ Igreja da Nossa Senhora da Piedade
| Kirche |

Das Gesamterscheinungsbild der Pfarrkirche ist schlicht. Die Grundmauern gehen auf das Jahr 1430 zurück. Französische Korsaren zerstörten die Kirche 1566 komplett, und 100 Jahre später fiel sie noch einmal einem Piratenüberfall zum Opfer. Die gotische Kapelle Capela da Morgada an der Südseite überstand die Zerstörungswut, sie stammt noch aus dem 16. Jh. Heute zeigt die Kirche im Inneren ein barockes Gesicht. Das Altarbild malte der deutsche Künstler Max Römer.
■ Largo do Pellourinho/Rua Cristovão Colombo

⑤ Casa Colombo – Museu do Porto Santo
| Museum |

 Einblick in die Zeit der großen Entdeckungen

Während seiner Zeit auf der Insel soll Christoph Kolumbus in einem Haus, in dem heute das Museum untergebracht ist, gelebt haben – zumindest stand sein damaliges Wohnhaus an der Stelle. Das heutige Gebäude ist jünger, nur die Nordmauer stammt noch aus der Zeit von Kolumbus.

Vila Baleira

Campo de Futebol

Rua J.S.S. Moura Caldeira

Rua Brigadeiro Couceiro

Rua Dr. Pedro

Lomelino

Rua Bispo D.E. de Alencastre

Rua C. Colombo

Rua M. de Sousa Max.

Rua J G. Santana

Rua J.

Rua Dr. José Diamantino Lima

ER260

ER120

25

5 Casa Colombo - Museu do Porto Santo

Igreja de Nossa Senhora da Piedade

4

Mercado Velho

ER120

Largo do Pelourinho

Paço do Concelho

3 Casa da Câmara

i

Rua M. G. Pestana

Avenida H. Vieira Castro

Av. Dr. M. G. Pestana Júnior

Av. Infante D. Henrique

R.B. Peretra

Padrão das Descobertas

Av. H. Vieira de Castro

R. G. Mederios

1 Cais Velho

0   300 m

10 2 Praia do Porto Santo

In dem kleinen, liebevoll geführten Museum dreht sich alles um die portugiesischen und auch spanischen Entdeckungsfahrten. Zwei weitere Säle widmen sich dem niederländischen Kolonialreich. Einige Fundstücke der holländischen Galeone »Sloot Ter Hooge« sind zu besichtigen. Das Schiff sank 1724 vor der Nordküste von Porto Santo.

■ Travessa da Sacristia 2–4, Tel. 291 98 34 05, Di–Sa 10–12.30 und 14–17.30, So 10–13 Uhr, an Feiertagen geschl., 2 €

 Parken

Parkplätze in der Rua Maximano de Sousa, beim Supermarkt Pingo Doce in der Nähe des Cais, am östlichen Ortsrand an der ER 120 und am westlichen Ende der Promenade beim Hotel Torre Praia sowie am Westende des Strands an der Ponta da Calheta.

 Restaurants

€€ | **La Siesta** Angenehmes Lokal direkt am Strand, das besonders zum Sonnenuntergang beliebt ist. Die Atmosphäre ist locker. Die Küchencrew verwendet saisonale Produkte, aus denen sie schmackhafte und auch optisch ansprechende Gerichte zu zaubern weiß. ■ Rua Gonçalves Zarco, Mobil 914 69 44 74, www.larocaconcepts. com, Juni–Sept. Mi–Mo 19–2 Uhr, Plan S.113 c2

€€€ | **Casa do Velho Dragoeiro** Kleines edles Restaurant. Die Speisen sind von besonderer Güte und werden optisch ansprechend serviert. Fisch, Fleisch und hochwertiges Gemüse sind auf den Punkt gegart. Mit Sicherheit das beste Speiselokal der Insel. ■ Rua Manuel Gregório Pestana 16, Tel. 291 63 44 13, Sa–Do 19–23 Uhr, Reservierung empfehlenswert, Plan S. 113 a2

Hinter Vila Baleira ragt der Pico do Castelo in die Höhe

Einkaufen

Centro de Artesanato Gemeinschaftsgeschäft der lokalen Kunsthandwerker, die alte Traditionen am Leben erhalten, wie das Töpfern von Tonfiguren und Flechtarbeiten aus Palmblättern. Sie bekommen hier hochwertige Souvenirs: Strohhüte, Schmuck aus Muschelschalen und Keramikwaren, die ins Fluggepäck passen. Angeschlossen ist ein Café. ■ Avenida Dr. Manuel Gregório Pestana Júnior, Mo–Fr 9–17.30, Sa 10–12.30 Uhr, Plan S. 113 b3

Konzerte

Centro Cultural e de Congressos Im Kulturzentrum der Insel, direkt neben dem Rathaus, finden regelmäßig Konzerte statt. ■ Rua Dr. Nuno Silvestre, Tel. 291 98 06 00, www.facebook.com/ccc. portosanto, Plan S. 113 b2

Kneipen, Bars und Clubs

Pé na Água Tagsüber und am frühen Abend fungiert das Strandlokal als Restaurant. Abends und nachts legen DJs auf und das Gebiet verwandelt sich in eine Partyzone – allerdings nur im Sommer. ■ Estrada Regional 111, Tel. 291 98 52 42, www.facebook.com/pena agua, Plan S. 113 westl. a3

Events

Festas de São João In der Zeit um den Johannistag (24. Juni) ist die Stadt mit Blumen geschmückt und es gibt Umzüge und Folkloreaufführungen.

Festival Colombo Mitte September gedenkt Porto Santo seines berühmten Bewohners Christoph Kolumbus mit Folkloreaufführungen und einem Mittelaltermarkt. Den Beginn macht die Ankunft des Entdeckers auf der

Insel mit der »Santa Maria«, einem originalgetreuen Nachbau des Kolumbusschiffes, das ansonsten in Funchal im Jachthafen liegt. Der genaue Termin wird auf www.visitmadeira.pt veröffentlicht.

 Sport

Colombo Fahrräder, E-Bikes und Scooter eignen sich bestens für die Erkundung der relativ flachen Insel. Die Fahrradmiete liegt bei 12 €/Tag, E-Bikes ca. 20 €. ■ Avenida Vieira de Castro 64, Tel. 291 98 44 38, www.aacolombo.com, Plan S. 113 a3

Porto Santo Sub Tauchschule am Jachthafen. Unterrichtssprache ist Englisch oder Portugiesisch. ■ Estrada Jorge de Freitas s/n, Penedo, Mobil 917 69 66 99, www.portosantosub.com, Plan S. 113 östl. c2

52 Campo de Baixo

Ferienort am ruhigeren Strandabschnitt mit vielen Unterkünften

Campo de Baixo ist eine reine Feriensiedlung, die direkt am Strand liegt. Zahlreiche Hotels der großen Ketten liegen hier, auch private Unterkünfte und Apartments sind zu bekommen. Hier steigen vorwiegend Ausländer ab.

 Parken

Parkplatz am Ende der Straße, die am Westrand des Ortes zum Strand führt.

 Kneipen, Bars und Clubs

Bar do Henrique Lässige Strandbar, wo im Sommer regelmäßig Partys mit angesagten DJs stattfinden. ■ Praia do

Ribeiro Cochino, Tel. 291 98 48 81, www.facebook.com/BardoHeniquePorto Santo, tgl. 10.30–2 Uhr, am Wochenende auch mal länger

 Sport

On Water Academy Alles, was mit sportlichen Aktivitäten auf dem Wasser zu hat, kann hier praktiziert oder gelernt werden: Wellenreiten, Kitesurfen, Windsurfen und Stand Up Paddling. ■ Praia Cabeço da Ponta, südwestlich von Campo de Baixo, Mobil 964 38 85 35, www.onwateracademy.com

53 Pico do Castelo

Schöner Aussichtsberg mit Blick auf Strand und Flughafen

Für die ansonsten recht karge Insel ist der Pico do Castelo dicht bewachsen. Aufforstungsprogramme der letzten Jahrzehnte sorgten für einen mediterranen Mischwald. Die aufgeforsteten Bäume sind zwar nicht heimisch, aber sehr robust und dämmen die Erosion ein. Der Hauptbaum ist die Aleppokiefer. Sie stammt ursprünglich aus dem Mittelmeerraum und passt gut in das Klima der Insel. Etwas hochstämmiger ist die Seekiefer, ebenfalls aus dem westlichen Mittelmeerraum. Dazwischen wachsen einige Zypressen. Spärlicher ist die heimische Vegetation wie Gagelbusch und Besenheide. Von der Regionalstraße ER 261 (Dragoal–Camacha) zweigt eine schmale Straße zum Aussichtspunkt Miradouro do Pico do Castelo ab. Hier steht auf einem gepflastertem Platz eine alte Kanone, die einst zur Piratenabwehr diente. Der Blick schweift über Vila Baleira und den Strand in Richtung

Süden. Nach Osten erkennt man am Fuße des Berges die Landebahn und im Hintergrund rechts die vorgelagerte Insel Ilhéu de Ferro und links die Ilhéu de Baixo.

Vom Aussichtspunkt führt ein Fußweg in ca. 20 Minuten auf den eigentlichen Gipfel (437 m). Dort steht ein Denkmal für António Schiappa de Azevedo, der Ende des 19. und Anfang des 20. Jh. mit den Aufforstungen begann.

 Parken

Stellplätze finden sich am Miradouro do Pico do Castelo.

 Wandern

Wer mag, kann auf dem Wanderweg **PR 2** (Vereda do Pico do Castelo) um den höchsten Berg der Insel, den Pico do Facho (516 m), wandern. Der markierte Weg beginnt am Pico do Castelo und führt in zwei Varianten nach Moledo. Eine Variante verläuft im Uhrzeigersinn am Pico do Facho vorbei, die andere entgegen, sodass sich aus beiden Abschnitten eine Runde kombinieren lässt. Für die Rundtour sollte man gut 2 Std. einplanen.

54 Camacha

Winzerort abseits der Urlauberströme an der wilden Nordküste

Camacha ist ein ursprünglicher Ort, in dem der Tourismus kaum eine Rolle spielt. Wichtiger Erwerbszweig ist der Weinbau. Rund um das Dorf werden auf kleinen Feldern Reben angebaut. Der Großteil der Trauben geht in die Tafelweinproduktion. Der Wein ist recht alkoholreich und schwer.

 Sehenswert

Museu Cardina
| Museum |

Das Museum ist eine private Sammlung von Alltags- und Landwirtschaftsgerät der vergangenen Jahrhunderte. José Cardina sammelte nicht nur, er baute auch Modelle im Verhältnis 1:5 von Schiffen, Windmühlen und Karren, wie sie auf Porto Santo typisch waren. Zudem hat er alle 16 Brunnen der Insel in zehnfacher Verkleinerung nachgebaut.

■ Estrada Domingos de Ornelas, www.facebook.com/museudocardina, Do–Sa 10.30–12.30 und 14.30–18.30 Uhr, Mi durchgehend, Eintritt frei

 Restaurants

€€ | **Torres** Auf der Terrasse spenden Palmwedel Schatten, der Speiseraum innen ist rustikal eingerichtet. Die Teller werden schön arrangiert. Der Schwerpunkt liegt auf meist über dem Holzfeuer Gegrilltem – Fisch und Fleisch –, aber auch typische Schmorgerichte sind zu haben. Besonders beliebt ist das »Piri Piri Huhn«. Es wird ein Abholservice von den Hotels angeboten. ■ Estrada Domingos d'Ornelas 68, Tel. 291 98 43 73, tgl. 10–23 Uhr

 In der Umgebung

Praia das Salemas
| Strand |

Der Strand in der versteckten Bucht liegt an der Nordküste. Vorgelagerte Felsen schützen ihn vor übermäßiger Brandung. Baden lässt sich zudem in natürlichen Lavabecken. Infrastruktur und Strandwächter gibt es hier allerdings keine.

Verfallene Gehöfte und karge Landschaft prägen Serra de Dentro

Vom nördlichen Ortsrand von Camacha führt ein Fußweg zunächst oberhalb des einzigen Taleinschnitts in diesem Bereich. In einer weiten Kurve steigt man dann in das Tal und wandert in Richtung Meer. An der Mündung des meist trockenen Flusslaufs liegt die Bucht. Vom Zentrum von Camacha sind es zu Fuß ca. 2 km.

Fonte da Areia

| Aussichtspunkt |

Von dem Aussichtspunkt hat man einen schönen Blick auf die wilde Nordküste. Die Felsen bestehen aus gepresstem Sand; es handelt sich dabei um fossile Dünen. Hier befindet sich auch eine Quelle, die Mitte des 19. Jh. in Stein gefasst wurde. Darunter liegt ein schöner Picknickplatz. Auf einem Fußweg gelangt man hinunter zur Küste mit bizarren Felsformationen. Ein ehemaliger Vulkanschlot – die

Ilhéu da Fonte da Areia – steht als Felszacken einsam im Wasser.

Von Camacha aus fährt man um das nördliche Ende der Landebahn und ist nach ca. 2 km am Weg Vereda do Calhau, der in wenigen Minuten zum Aussichtspunkt und zur Quelle führt.

55 Serra de Dentro und Serra de Fora

Verlassene Dörfer in einer kargen, wüstenhaften Landschaft

An der nordöstlichen Flanke des Pico do Facho wirkt Porto Santo wüstenhaft. Mit Stauseen versucht man, das spärliche Nass zu speichern. Aufforstungen sollen den Wasserhaushalt stabilisieren. Dennoch zog es viele Bewohner fort – der schnellste Weg zu Lohn und Brot war der Umzug nach Madeira. Viele Höfe in Serra de Dentro

Bedrohte Robbe

Die Mittelmeermönchsrobbe (Monachus monachus) ist vom Aussterben bedroht. Mit knapp 600 Tieren weltweit gehört sie zu den seltensten Tierarten. Nahe verwandt ist sie mit der ebenfalls gefährdeten Hawaii-Mönchsrobbe (Neomonachus schauinslandi). Von dieser Art leben noch knapp über 1000 Tiere. Mittelmeermönchsrobben können bis zu 3 m lang werden und bringen um die 300 kg auf die Waage. Sie sind damit etwa doppelt so groß wie der Seehund der Nordsee. Um die Größe zu erreichen und das Gewicht zu halten, braucht jedes erwachsene Tier rund 3 kg Fisch am Tag, was den Fischern wiederum nicht behagt.

Die meisten Mittelmeermönchsrobben leben im Ägäischen Meer (200–300 Tiere), gefolgt von einer Gruppe mit 250 Tieren an der Halbinsel Ras Nouadhibou an der Grenze zwischen Marokko und Mauretanien. 10–15 Tiere sollen noch an der Mittelmeerküste vor Algerien vorkommen.

Biologen schätzen, dass auf den Ilhas Desertas etwa 30–40 Exemplare heimisch sind. Immer wieder erkunden einzelne Tiere die Küsten von Madeira und Porto Santo. Sie kommen vermehrt in Kontakt mit Menschen: Fischern, Tauchern, Ausflugsbooten und – wenn auch selten – mit Badenden. Verschiedene Organisationen versuchen in Zusammenarbeit mit der Naturparkbehörde die Bevölkerung zu sensibilisieren, damit der Eingriff in das Leben der Wildtiere auf ein Minimum beschränkt wird. Was angesichts der possierlichen Robben oft vergessen wird: Die Mittelmeermönchsrobbe ist ein Raubtier (www.lifemadeiramonkseal.com). Die meisten Jungen kommen im Herbst zur Welt, dann sollten Taucher vorsichtig sein.

und im weiter südlich gelegenen Serra de Fora sind daher verlassen.

Schon fast an der Südküste liegt der Aussichtspunkt Portela. Man überblickt die Zivilisation und den herrlichen Sandstrand.

Parken

Am Aussichtspunkt Portela befindet sich ein großer **Parkplatz**.

Restaurants

€€ | **Panorama Restaurant & Lounge Bar** Wie der Name verspricht, ergibt sich während des Essens ein herrlicher Blick. Auf den Tisch kommt gehobene portugiesische Küche aus saisonalen Produkten. Es besteht ein Abhol- und Bringservice zu den Hotels. Das Restaurant liegt zwischen dem Aussichtspunkt Portela und Vila Baleira. ■ Estrada Carlos Pestana Vasconcelos, ER 260 Casinas, Mobil 966 78 96 80, www.panorama-restaurant.pt, 1. April–31. Okt. 19–23 Uhr, 31. Okt.–31. Dez. nur für angemeldete Gruppen

56 Ilhas Desertas

Unbewohntes Naturschutzgebiet südöstlich von Madeira

Die Ilhas Desertas (auf Deutsch »Wüsteninseln«) sind drei Inseln. Die große zentrale Insel ist die Deserta Grande, die nördliche kleine die Ilhéu Chão, und die südliche heißt Bugio.

Von Madeiras Südostküste und Porto Santos Südwestküste sind alle drei Inseln zu sehen, wenn die Luft über dem Meer nicht zu diesig ist. Die Entfernung von Funchal bis zur Deserta Grande beträgt ca. 40 km. Von Vila Baleira auf Porto Santo ist die größte Insel etwa 60 km entfernt.

Es gibt auf keiner der Inseln eine Süßwasserquelle, dennoch waren sie in der Vergangenheit zumindest teilweise bewohnt. Mehr als 15 Einwohner waren es allerdings nie. Es fehlt Trinkwasser, und die unzugänglichen Küsten machten es für Menschen unmöglich, dauerhaft dort zu leben. Ende des 16. Jh. versuchten die Bewohner von Madeira, auf der Deserta Grande Vieh zu halten und Getreide anzupflanzen. Von 1894 bis 1971 waren die Inseln in Privatbesitz. Seitdem sind sie portugiesisches Staatsgebiet. Erst seit 1990 stehen die Ilhas Desertas unter Naturschutz, und seit 1995 gelten sie als »Reserva natural« (in Portugal ist das nach »Parque nacional« und »Parque natural« die dritte Schutzkategorie). Eingeschleppte Tierarten wie Kaninchen und Ratten verschwanden Ende der 1990er-Jahre. Bekannt sind die Inseln für seltene Tierarten wie die Mittelmeermönchsrobbe (S. 118) oder den Kapverdensturmvogel.

ADAC *Mobil*

Die Inseln sind nur im Rahmen von **organisierten Schiffsausflügen** zu besuchen. Zahlreiche Agenturen auf Madeira haben die Fahrten im Programm. Anbieter sind zum Beispiel Ventura do Mar (www.venturadomar.com) oder Bonita da Madeira (www.bonita-da-madeira.com). Beide haben ihren Hauptsitz in Funchal.

Wer mit dem eigenen Boot anreisen möchte, braucht eine Genehmigung von der Naturparkbehörde von Madeira (https://ifcn.madeira.gov.pt).

Übernachten

Die meisten Unterkünfte liegen an der Südküste. Die Gastgeber sind auf Strandurlauber eingestellt. Wer nicht unbedingt in Strandnähe wohnen muss, findet im Norden ruhige Anlagen. In Vila Baleira herrschen kleine Pensionen vor. Hotelanlagen mit gehobenem Standard liegen südwestlich in den Feriensiedlungen Campo de Baixo und Cabeço da Ponta. Alle sind über Veranstalter zu mieten.

Vila Baleira 110

€ | Casa do Velho Dragoeiro Die Unterkunft ist familiär geführt, die Zimmer sind hell und groß und mit Balkon. Es gehört ein Restaurant dazu. Der Strand liegt etwa 200 m entfernt. ■ Rua Gregório Pestana 16, 9400-172 Porto Santo, Tel. 291 63 44 13, www. casadovelhodragoeiro.com

€ | Residêncial Central Die günstigste Unterkunft in Vila Baleira ist sauber und funktional. Die meisten Zimmer haben große Balkone. ■ Rua Abel Magno Vasconcelos, 9400-150 Porto Santo, Tel. 291 98 22 26, 967 40 70 55, www. residencial-central.pt

€€ | Hotel Praia Dourda Das Hotel liegt im Zentrum der Stadt. Zum Strand laufen Sie ca. 200 m. Es verfügt über 100 Zimmer und bietet soliden Drei-Sterne-Komfort. ■ Rua D. Estevão de Alencastre, 9400-161 Porto Santo, Tel. 291 98 04 89, www.portosanto hotels.com

€€ | Hotel Torre Praia Das einzige Hotel der Stadt direkt am Strand ist mit 66 Zimmern relativ groß. Die Zimmer erfüllen ihren Zweck und haben einen Balkon. Zum Hotel gehören zwei Strandrestaurants. ■ Rua Goulart Medeiros, 9400-164 Porto Santo, Tel. 291 98 04 50, www.porto santohotels.com

Campo de Baixo 115

€€€ | Hotel Vila Baleira Resort Das luxuriöse Hotel direkt am ruhigen südlichen Strandabschnitt verfügt über komfortable Zimmer und Apartments sowie ein Thalasso-Zentrum. ■ Sítio do Cabeço Ponta, Apartado 23, 9400-909 Porto Santo, Tel. 291 98 08 00, www.vilabaleira.com

€€€ | Pestana Colombo Das große Fünf-Sterne-Ferienhotel liegt direkt am Strand und bietet alles, was zu sorgenfreien Ferien gehört: qualitativ hochwertige All-inclusive-Verpflegung, Sport- und Animationsprogramme, Innen- und Außenpool. ■ Estrada Regional 120, Sítio Campo de Baixo, 9400-242 Porto Santo, Tel. 291 14 40 50, www.pestana.com

Camacha 116

€€ | Quinta do Serrado Die rustikalen Basaltgebäude schmiegen sich sanft in die Landschaft. Sie sind wie ein portugiesisches Dorf gebaut. Die Inneneinrichtung der 22 Zimmer ist dem ländlichen Stil angepasst. Mit Sauna, Whirlpool und Außenpool. Im Restaurant wird mediterrane und Inselküche serviert. ■ Sítio do Pedregal, 9400-010 Porto Santo, Tel. 291 98 02 70, www.quintadoserradohotel.com

ADAC

Hier beginnt der Urlaub.

ADAC Reiseführer

Teneriffa
Traumurlaub zu Füßen des Teide

9,99 €

Mit  ADAC Top Tipps und ADAC Empfehlungen

ADAC Reiseführer

Irland
Unterwegs auf der Grünen Insel

9,99 €

Mit ADAC Top Tipps und ADAC Empfehlungen

MIT **ADAC** QUICKFINDER

ADAC Reiseführer

Lissabon
Die Schöne am Tejo

9,99 €

Mit ADAC Top Tipps und ADAC Empfehlungen

MIT **ADAC** QUICKFINDER

ADAC Reiseführer.

· **Kompetent:** zuverlässige Informationen und nützliche Tipps für entspanntes Reisen

· **Übersichtlich:** kinderleichte Orientierung dank klarer Symbole

· **Praktisch:** mit dem ADAC Quickfinder direkt die persönlichen Reise-Highlights entdecken

· **Bewährt:** Top-Qualität und großer Service zum kleinen Preis

CLEVERES DESIGN
JETZT ENTDECKEN
MEHR SERVICE

Gut informiert. Besser reisen.
Weitere Titel finden Sie überall, wo es Bücher gibt, und auf adac.de/shop.

ADAC *Service Madeira*

Beim **ADAC Infoservice**, in den **ADAC Geschäftsstellen** sowie auf dem **Internetportal des ADAC** (www.adac.de) erhalten Sie Informationen zu den Dienstleistungen des Automobilclubs und zu Ihrem Reiseziel. Als **ADAC Mitglied** können Sie zudem das kostenlose **ADAC TourSet® Madeira** mit vielen Reiseinfos und Karten anfordern oder die **TourSet App** auf dem **Smartphone** oder **Tablet-PC** installieren (www.adac.de/toursetapp).

Rufen Sie bei Notfällen und Pannen den **ADAC Notruf** bzw. den **ADAC Auslandsnotruf** an. Unser Team steht Ihnen rund um die Uhr zur Verfügung.

ADAC Infoservice

Tel. 0 800/510 11 12
Infos zu allen ADAC Leistungen
(Mo–Sa 8–20 Uhr, gebührenfrei)

ADAC Notruf Deutschland

Tel. 0 180/222 22 22
(24 Std., ca. 6 ct/Anruf, max. 42 ct/Min. aus deutschem Mobilfunknetz)

ADAC Notruf Mobil-Kurzwahl

Tel. 22 22 22
(Gebühren variieren je nach Netzbetreiber)

ADAC Auslandsnotruf

Tel. +49/89/22 22 22
(Gebühren variieren je nach Netzbetreiber und Land)

Internet-Serviceangebote des ADAC für Ihre Reiseplanung

Service	Webadresse
Aktuelle Verkehrslage	www.adac.de/verkehr
ADAC Routenplaner	www.adac.de/maps
Infos zu Tankstellen und Spritpreisen	www.adac.de/tanken
Infos zu mautpflichtigen Strecken	www.adac.de/maut
Infos zu Fährverbindungen	www.adac.de/faehren
ADAC TourMail (Aktuelle Infos vor Anreise)	www.adac.de/tourmail
Informationen für Camper	www.adac.de/camping
Informationen für Motorradfahrer	www.adac.de/motorrad
Informationen für Segler und Skipper	www.adac.de/sportschifffahrt
ADAC Reiseangebote	www.adacreisen.de
ADAC Autovermietung	www.adac.de/autovermietung
ADAC Versicherungen für den Urlaub	www.adac.de/versicherungen
Weltweite Preisvorteile für ADAC Mitglieder	www.adac.de/vorteile-international

Diese **Produkte des ADAC** könnten Sie interessieren: **ADAC Reiseführer Portugal**, **ADAC Reiseführer Lanzarote** und **ADAC Reisemagazin Kanarische Inseln** – erhältlich im Buchhandel, bei den ADAC Geschäftsstellen und in unserem ADAC Online-Shop (www.adac.de/shop).

Anreise und Einreise

Auto

Die Anreise mit dem Auto ist nicht möglich, da es derzeit keine Fährverbindung vom Festland gibt.

Flugzeug

Der **Flughafen Madeira Cristiano Ronaldo** (FNC, www.aeroportomadeira.pt) liegt bei Santa Cruz, 20 km nordöstlich der Hauptstadt Funchal (Bustransfer s. S. 33). Die Landung gilt wegen der Windverhältnisse als schwierig. Der Ausweichflughafen bei zu starkem Wind ist Porto Santo. Von vielen deutschen, österreichischen und Schweizer Flughäfen bestehen Direktflüge.

Porto Santo wird im Sommer nur von Düsseldorf aus angeflogen. Der Inselflughafen (PXO, www.aeroporto portosanto.pt) befindet sich im Zentrum der Insel, knapp 3 km von der Hauptstadt Vila Baleira entfernt.

Die portugiesische Fluggesellschaft TAP fliegt Madeira mehrmals täglich und Porto Santo etwa einmal täglich von Lissabon aus an.

Die **Flugzeit** von Mitteleuropa beträgt etwa vier Stunden. Die Preise für Hin- und Rückflug sind starken saisonalen Schwankungen unterworfen.

Einreise und Dokumente

Portugal ist Teil des Schengenraums. Es gibt daher keine oder nur stichprobenartige Grenzkontrollen. Urlauber aus Deutschland, Österreich und der Schweiz müssen jedoch einen mindestens noch drei Monate gültigen Personalausweis oder Reisepass bei sich haben. Für Kinder bis zum vollendeten zwölften Lebensjahr genügt ein Kinderreisepass. Wir empfehlen, für den Notfall vor Reiseantritt Fotokopien Ihrer Reisedokumente anzufertigen und diese getrennt von den Originalen aufzubewahren.

Auto und Straßenverkehr

Führerschein und Papiere

Die Anreise mit eigenem Fahrzeug ist derzeit nicht möglich. Zum Mieten eines Leihwagens genügt der nationale Führerschein. Einige Autovermietungen verlangen ein Mindestalter des Fahrers von 21 Jahren und eine Fahrpraxis von mindestens zwei Jahren.

Tempolimits auf Madeira

(Ausnahmen siehe Verkehrsvorschriften)

Straße	Tempolimit
Schnellstraße	max. 90 km/h, oft auch nur 80 km/h (Schilder beachten)
Landstraße	max. 90 km/h
Ortschaft	max. 50 km/h

Straßennetz und Sicherheit

Das Straßennetz auf Madeira ist gut ausgebaut. Die meisten Küstenorte sind durch Schnellstraßen miteinander verbunden. Entlang der Südküste von Caniçal im Osten bis Ribeira Brava im Zentrum der Insel verläuft eine autobahnähnliche vierspurige Schnellstraße. Alle anderen Schnellstraßen sind zweispurig. Die Land- und Dorfstraßen sind häufig schmal und steil. Mit Schlaglöchern, hinter Kurven parkenden Autos und Fußgängern ist zu rechnen. Die Straßen in hohen Lagen sind oft feucht. Moos, Blätter und Erde erhöhen die Schleudergefahr. Aufgrund des Reliefs wurden auf Madeira über 200 Straßentunnel gebohrt.

Auf Porto Santo gibt es nur Land- und Dorfstraßen.

Verkehrsvorschriften

Zu den **Höchstgeschwindigkeiten** siehe Tabelle S. 123 Häufig ist die erlaubte Geschwindigkeit durch eine entsprechende Beschilderung weiter eingeschränkt, beispielsweise innerorts in verkehrsberuhigten Zonen auf 20 km/h. Verstöße werden mit hohen Bußgeldern geahndet. Die Bußgeldbescheide können auch in Deutschland vollstreckt werden.

Die **Promillegrenze** liegt bei 0,5. Für jeden Mitfahrenden ist eine **Warnweste** mitzuführen, die bei Unfall oder Panne beim Verlassen des Fahrzeugs getragen werden muss. Beim Überholen von Radfahrern ist ein **Mindestabstand** von 1,50 m einzuhalten.

Sehr häufig ist auf Madeira der **Kreisverkehr**. Wer sich im Kreisel befindet, hat Vorfahrt. Wer die nächste Ausfahrt nehmen möchte, benutzt die rechte Spur. Andernfalls muss in zweispurigen Kreiseln innen gefahren werden, bis zum Ausfahren nach rechts gewechselt wird. Vorsicht: Diese noch neue Regel wird nicht immer eingehalten. Außerdem gelten Ausnahmen für schwere Fahrzeuge, Fahrräder und Tiergespanne.

Tanken

Das Tankstellennetz ist dicht. Angeboten werden bleifreies Super (95 und 98 Oktan) und Diesel, seltener auch Autogas. E10-Kraftstoffe sind nicht üblich. Die Kraftstoffpreise liegen etwas über deutschem und österreichischem Niveau.

Parken

In den wenigsten Städten ist das Parken gratis. Häufig sind in Ortszentren blau markierte, gebührenpflichtige Zonen ausgewiesen (mit Parkautomat). In den größeren Städten gibt es Parkhäuser. Die Parkgebühren schwanken zwischen 0,20 und 2 €/Std. An gelb markierten Straßenrändern besteht absolutes Park- und Halteverbot. Verstöße werden streng geahndet, es droht sogar die Abschleppung.

Maut

Bislang sind alle Straßen und Tunnel auf Madeira und Porto Santo mautfrei.

Unfall

Nach einem Unfall sollten Sie sofort anhalten, die Unfallstelle absichern und Erste Hilfe leisten – dabei an das Anlegen der Warnweste denken. Die ist auch auf Madeira Pflicht. Achten Sie bei Mietwagen darauf, dass für jeden Insassen eine Weste im Auto ist.

Bei Personenschaden müssen Sie zwingend die **Polizei** verständigen (Notruf: 112). Liegt nur ein Sachschaden vor, empfiehlt sich die Verwendung des »Europäischen Unfallberichts«, der mehrsprachig über den ADAC erhältlich ist. Mietwagenfahrer müssen bei Panne oder Unfall sofort die **Mietwagenfirma** informieren, die Telefonnummer steht auf dem Mietvertrag.

Den **ADAC Auslandsnotruf** erreichen ADAC Mitglieder zur Beratung bei Fahrzeugpannen und -unfällen unter Tel. +49/89/22 22 22.

Unbedingt Kennzeichen, Name und Anschrift von Fahrern und Haltern der beteiligten Fahrzeuge sowie deren Versicherungsnummer notieren. Außerdem Namen von (möglichst neutralen) Unfallzeugen festhalten und die Unfallstelle fotografieren. Unterzeichnen Sie keine fremdsprachigen Schriftstücke, deren Inhalt Ihnen nicht verständlich ist. Lassen Sie sich bei

Problemen vom ADAC beraten (Tel. 0800/510 11 12).

Ihre **Schadensersatzansprüche** können Sie entweder bei der gegnerischen Versicherung in Portugal oder über einen Regulierungsbeauftragten der portugiesischen Haftpflichtversicherung in Deutschland geltend machen, der Ihnen über den Zentralruf der Autoversicherer vermittelt wird.

Zentralruf der Autoversicherer Auskunftsstelle/GDV

 Glockengießerwall 1, 20095 Hamburg, Tel. 0800/250 26 00, +49/403 00 33 00, www.gdv-dl.de

 Barrierefreies Reisen

Aufgrund des Reliefs ist Madeira auf Touristen mit Mobilitätseinschränkungen schlecht eingestellt. Auf Porto Santo ist die Situation besser. Die meisten öffentlichen Einrichtungen bieten jedoch Rampen oder Aufzüge sowie barrierefreie Sanitäranlagen. Einige Hotels in Funchal und auf Porto Santo haben barrierefreie Zimmer. Die »Gemeinnützige Gesellschaft des Bundesverbandes Selbsthilfe Köperbehinderter e. V.« bietet barrierefreie Reisen (www.bsk-reisen.org).

Buchung von barrierefreien Hotels und Ferienwohnungen sind z. B. über www.runa-reisen.de oder www.traumferienwohnungen.de möglich.

 Diplomatische Vertretungen

Die Auslandsvertretungen Ihres Heimatlandes helfen Ihnen, wenn Sie Reisedokumente verloren haben, oder vermitteln, falls es zu Problemen mit portugiesischen Behörden kommen sollte. Deutsche Staatsbürger wenden

sich auf Madeira in Notfällen an das österreichische Honorarkonsulat.

Deutsche Botschaft

 Campo dos Mártires da Pátria 38, 1169-043 Lisboa, Tel. 218 81 02 10, www.lissabon.diplo.de

Österreichisches Honorarkonsulat

 Miltones-Viagens, Rua Imperatriz D. Amelia, Edificio Princesa, Loja 0/4, 9000-018 Funchal, Tel. 291 09 87 70, hkonsulat funchal@hotmail.com

Schweizerische Botschaft

 Travessa do Jardim 17, 1350-185 Lisboa, Tel. 213 94 40 90, www.eda.admin. ch/lisbon

 Feiertage

1. Januar (Neujahr), 25. April (Nationalfeiertag), Karfreitag, Ostersonntag, 1. Mai (Tag der Arbeit), 10. Juni (Nationalfeiertag), Fronleichnam, 15. August (Mariä Himmelfahrt), 5. Oktober (Nationalfeiertag), 1. November (Allerheiligen), 1. Dezember (Nationalfeiertag), 8. Dezember (Mariä Empfängnis), 25. Dezember (Weihnachten). Der Karnevalsdienstag ist kein offizieller Feiertag, dennoch bleiben Geschäfte und Büros meist geschlossen. Jede Gemeinde weist außerdem einen örtlichen Feiertag aus.

 Geld und Währung

Portugal gehört der Eurozone an. **Bankautomaten** (fragen Sie nach einem Multibanco-Automaten) für Kreditkarten und Debitkarten (»EC-Karten«), die auch in deutscher Sprache zu bedienen sind, stehen bei jeder Bankfiliale, in vielen Hotels und Ein-

Festivals und Events

Februar

Carnaval (Karneval) – Der Karneval beginnt am Mittwoch vor Altweiberfasching. Umzüge und Straßenfastnacht finden vorwiegend in Funchal statt (S. 32).

März/April

Karwoche – In der Karwoche sind vereinzelt Prozessionen zu sehen. In den Straßen werden Palmzweige verkauft, um sie in der Kathedrale von Funchal segnen zu lassen.

April/Mai

Festa da Flor (www.visitmadeira.pt) – Das Blumenfest wird vor allem in Funchal groß gefeiert. Es wird meist ein bis zwei Wochen nach Ostern zelebriert. Auf Madeira sind Straßen mit Blumen geschmückt.

Karfreitagsprozession in Funchal

Madeira Island Ultra-Trail (www.madeiraultratrail.com) – Meist Ende April findet ein großes Rennen über ganz Madeira statt. Die Läufer benutzen zum Teil die offiziellen Wanderwege. Im Vorfeld werden die Wege im Gebirge gut gesichert.

Juni

Festival do Atlântico (http://festivaldoatlantico.visitmadeira.pt) – Den ganzen Juni laufen anspruchsvolle Kulturveranstaltungen, wie klassische Konzerte oder Darbietungen der vielen Folkloregruppen der Insel. Jeden Samstag wird im Hafen von Funchal ein Feuerwerk gezündet.

Juli

Funchal Jazz Festival (www.funchaljazzfestival.org) – An einem Wochenende, meist Anfang Juli, treten im Parque Santa Catarina renommierte Jazzmusiker auf.

Rali Vinho Madeira – Das Straßenrennen findet schon seit 1959 meist Ende Juli statt. Es kann zu Straßensperren kommen.

August

Romeria Nossa Senhora do Monte – Zu Mariä Himmelfahrt wird in Monte ein großes Fest mit Prozession veranstaltet.

September

Festa do Vinho – Das Madeiraweinfest beginnt Ende August und zieht sich bis in den September. Hauptveranstaltungsorte mit Folkloredarbietungen und Probierständen sind Funchal und Câmara de Lobos.

Dezember/Januar

Natal – Der 25. Dezember ist der wichtigste Feiertag. Öffentliche Verkehrsmittel fahren nicht.

Fim do Ano – Das Feuerwerk und die Straßenbeleuchtung in Funchal ziehen zahlreiche Besucher an.

kaufszentren. Große Geschäfte, Hotels, Restaurants, Tankstellen und Autovermietungen akzeptieren Kredit- und EC-Karten. Für den Umtausch Schweizer Franken kommen Banken (geöffnet meist Mo–Fr 8.30–15 Uhr) und Wechselstuben infrage.

Kosten im Urlaub
(durchschnittliches Preisniveau)

Tasse Kaffee	1,50 €
Softdrink (Limonade)	1,50 €
Glas Bier (0,3 l)	1,50 €
Glas Wein (0,2 l)	4 €
Hauptgericht (Restaurant)	12 €
Eintritt staatl. Museum	2 €
Mietwagen/Tag	25 €

Portugal ist ein verhältnismäßig preisgünstiges Urlaubsland. Die **Preise** in Hotels und Restaurants, für Mietwagen, Busse und Taxis liegen eher unter denjenigen in Deutschland. Viele Lebensmittel wie Fleisch, Fisch oder Gemüse sind im Supermarkt billiger zu haben. Andere, importierte Waren können teurer sein.

Im Innenteil des Reiseführers finden Sie einige ADAC Spar-Tipps für Ihren Madeira-Urlaub.

 ## Gesundheit

Das staatliche portugiesische Gesundheitssystem bietet eine Basisversorgung. Jede Gemeinde verfügt über ein **Gesundheitszentrum** (»centro de saúde«, www.sesaram.pt), in dem einer oder mehrere Ärzte praktizieren. In Funchal gibt es ein öffentliches **Krankenhaus** mit Notaufnahme (Hospital Dr. Nélio Mendoça, Av. Luis Camões, Tel. 291 70 56 00).

Auf Porto Santo wendet man sich bei gesundheitlichen Problemen an das Centro de Saúde Dr. Francisco Rodrigues Jardim (Rua Dr. José Diamantino Lima 4, Vila Baleira, Tel. 291 98 00 60).

Bei Vorlage einer Europäischen Krankenversicherungskarte (i. d. R. in die nationale Gesundheitskarte integriert) haben EU-Bürger und Schweizer Anspruch auf die gleichen Leistungen wie Portugiesen.

In komplizierten Fällen wird oft die Verlegung in eine **Privatklinik** nahegelegt. Die deutlich höheren Kosten dafür übernimmt die gesetzliche Krankenversicherung nicht unbedingt. Wir empfehlen daher für den Zeitraum der Reise das Abschließen einer privaten **Auslandskrankenversicherung**. Lassen Sie sich im Falle eines Falles stets eine detaillierte Rechnung zur Vorlage bei der Versicherung ausstellen.

Ärzte und Gesundheitspersonal sprechen meist Englisch. Auch einige deutsche Ärzte praktizieren auf Madeira. Kontaktdaten sind über Hotelrezeptionen zu bekommen.

Portugiesische **Apotheken** haben meist Mo–Fr 9–13, 15–19 und Sa 9–13 Uhr geöffnet. 24-Stunden-Apotheken und solche mit Notdienst stehen unter www.farmaciasdeservico.net. Rufnummern für Notfälle siehe S. 129.

 ## Haustiere

Wer mit einem Haustier (Hund, Katze oder Frettchen) Grenzen innerhalb der EU übertritt, benötigt einen EU-Heimtierausweis, der von autorisierten Tierärzten ausgestellt wird. Darin müssen eine gültige Tollwutimpfung (Erstimpfung mindestens 21 Tage vor Grenzübertritt) und die Daten der Markierung eingetragen sein.

Für Tiere, die ab dem 3.7.2011 erstmals gekennzeichnet wurden, ist ein Mikrochip Pflicht. Bei vor diesem Stichtag markierten Tieren genügt eine Tätowierung, die gut erkennbar sein muss.

Information

Für offizielle touristische Informationen über Madeira und Porto Santo ist die Direção Regional do Turismo in Funchal zuständig. Ihre auch auf Deutsch verfügbare Internetseite lässt kaum Fragen offen.

Direção Regional do Turismo
 Avenida Arriaga 18, 9004-519 Funchal, Tel. 291 21 19 00, www.visitmadeira.pt und www.visitportosanto.pt

Auskünfte über ganz Portugal erteilt die Website des Touristikamts **Turismo de Portugal** (www.visitportugal.com). Dort können Sie außerdem Broschüren herunterladen und über ein Online-Kontaktformular Fragen in deutscher Sprache stellen.
In einigen Orten gibt es einen **Posto de Turismo** (Touristeninformation). Die Adressen der wichtigsten Büros finden Sie jeweils zu Beginn der Ortsbeschreibung in diesem Reiseführer.

Klima und beste Reisezeit

Auf Madeira herrschen das ganze Jahr über angenehme **Temperaturen**. Selbst im Sommer ist es nicht zu heiß. Die mittleren Tagestemperaturen liegen im Hochsommer an der Küste bei ca. 25 °C. In der Nacht kühlt es nur unwesentlich auf ca. 20 °C ab. Die regenreiche Zeit liegt zwischen Oktober und April. Selbst dann betragen die Tagestemperaturen in Fun-

chal knapp 20 °C. Nachts wird es an der Küste selten unter 14 °C kalt. Auf **Porto Santo** ist es im Allgemeinen etwas wärmer und die Niederschlagsmengen sind geringer.

Klimatabelle Madeira

Monat	Luft (°C) (min./max.)	Sonne (h/Tag)	Regentage	Wasser (°C)
Jan.	13/18	5	7	18
Feb.	13/18	6	6	17
März	13/19	6	7	17
April	14/19	7	4	17
Mai	15/20	8	2	18
Juni	17/22	6	1	20
Juli	19/23	8	0	21
Aug.	19/24	8	1	22
Sept.	19/25	7	2	23
Okt.	18/23	6	7	22
Nov.	16/21	7	7	20
Dez.	14/19	5	7	19

Die Temperaturen und Niederschlagswerte sind auf Madeira abhängig von der **Höhe und geografischen Lage**. Pro hundert Höhenmeter wird es ca. 0,5 bis 1 °C kühler. In den Gipfelregionen fällt bis zu fünfmal mehr Niederschlag als an der Küste. Von Januar bis April ist in Lagen ab 1300 m Schneefall möglich. Im zeitigen Frühjahr können bei einem Tagesausflug alle Jahreszeiten in kürzester Zeit erlebt werden: Hochsommer in Funchal, ausgeglichener Frühling in mittleren Lagen, nebliger Herbst an den Hängen der Nordseite und klirrender Winter in den Gipfelregionen.
Der Norden ist bei normaler Wetterlage um einige Grad kühler als der Sü-

den, und die Niederschlagswerte sind höher. Der Südosten ist trockener, bekommt aber dafür mehr Wind ab. Von Funchal bis Ponta do Sol ist es in der Regel schwüler.

Wer flexibel ist, kann je nach **Windrichtung** sein Tagesprogramm anpassen. Wind aus Nordost ist der Normalfall. Wolken bilden sich ab ca. 800 Höhenmeter auf der Nordseite, teils ist auch leichter Nieselregen möglich; die südlichen Gefilde sind dann sonnig und warm. Wind aus Nordwest bringt kalten Niederschlag über die Insel. Der Nord- und Südosten ist dann meist trocken und sonnig. Regenfronten mit ergiebigen Niederschlägen kommen meist aus Südwest. Nordosten und Osten bleiben oft verschont. Wind aus Ost-Südost (»Leste«) bringt Wärme und Trockenheit über die ganze Insel. Auf **Porto Santo** ist der Unterschied zwischen Nord, Süd, Ost und West weniger ausgeprägt.

Die **Wassertemperaturen** um den Archipel sind im September mit ca. 23 °C am höchsten, von Februar bis April mit ca. 17 °C am niedrigsten.

Die erforderliche Kleidung ist daher sehr von Jahreszeit und Vorhaben abhängig. Zur Sicherheit sollte man – außer im Hochsommer – Kleidung mitnehmen, wie sie in einem mitteleuropäischen Herbst benötigt werden.

Hochsaison ist auf Madeira von Ostern bis Pfingsten, auf Porto Santo im Sommer. Auf Madeira hingegen ist im Sommer oft weniger los, obwohl die meisten Einheimischen dann Urlaub haben, aber Mitteleuropäer meiden Madeira in der heißen Jahreszeit eher. Dafür steigen die Touristenzahlen um Weihnachten und Silvester, wenn das Feuerwerk in Funchal zahlreiche Besucher anlockt.

 Medien

Deutsche Tageszeitungen und Zeitschriften sind in Funchal und einigen Orten mit einem Tag Verspätung am Kiosk erhältlich.

 Nachtleben

Ein nennenswertes Nachtleben findet ganzjährig nur in Funchal statt. Im Sommer gibt es am Strand von Porto Santo oft Partys. Adressen und Ausgehmöglichkeiten finden Sie in diesem Reiseführer bei den einzelnen Ortsbeschreibungen.

 Notfall

Wählen Sie in Notfällen immer die gebührenfreie europäische **Notfallnummer 112**. Unter dieser Nummer erhalten Sie Hilfe von der Polizei oder der Feuerwehr sowie in medizinischen Notfällen (Rettungswagen, Notarzt).

ADAC Mitglieder können sich in Notfällen auch rund um die Uhr an den **Auslandsnotruf des ADAC** unter der Tel. +49/89/22 22 22 wenden. Bei Bedarf werden auch Dolmetscher vermittelt. In vielen öffentlichen Gebäuden und Einrichtungen befinden sich Defibrillatoren, die schon beim ersten Auftreten Herzrhythmusstörungen beenden können. Sie sind wie bei uns durch das Wort Defibrillator gekennzeichnet und zur Anwendung durch medizinische Laien vorgesehen.

 Öffnungszeiten

Geschäfte sind meist Mo–Fr 9–13, 15–19 und Sa 9–13 Uhr geöffnet. Einkaufszentren und größere Supermärkte öffnen täglich (auch sonntags) etwa von 9 bis

21 Uhr. In kleineren, ländlichen Ortschaften werden die Öffnungszeiten oft auf den Samstagnachmittag und Sonntagvormittag ausgedehnt. Öffnungszeiten von Bank und Post siehe S. 127 bzw. unten.

 ### Post

Postfilialen haben meist Mo–Fr 9–18 Uhr geöffnet, manchmal am Samstagvormittag. Briefmarken sind außerdem an Automaten vor den Postämtern sowie in Souvenirläden mit CTT-Schild an der Tür erhältlich, in Letzteren meist gegen Aufpreis. Das reguläre **Porto** für eine Standard-Postkarte oder einen Standard-Brief (bis 20 g) in alle Länder Mitteleuropas beträgt 0,80 €. Die Laufzeiten betragen im Schnitt vier bis sieben Tage, im Einzelfall kann es länger dauern. Der hohe Aufpreis für Schnellpost (»correio azul«) lohnt jedoch in der Regel nicht.

 ### Rauchen und Alkohol

In Portugal ist das **Rauchen** in öffentlichen Bereichen wie Flughäfen, Bahnhöfen, Einkaufszentren und Hotelhallen verboten. Am Flughafen von Madeira kann auf einer Außenterrasse geraucht werden. Gastronomiebetriebe mit einer Fläche von über 100 m^2 dürfen Raucherzonen ausweisen, bis Ende 2020 müssen diese aber abgeschafft werden. Außerdem wird ab 2021 das Rauchen in Autos, in denen Kinder mitfahren, verboten sein. Die Regelungen werden auch für E-Zigaretten gelten. Hotels dürfen noch Raucherzimmer ausweisen, sie sind aber nur in begrenzter Zahl verfügbar. Erlaubt ist das Rauchen auf dem Balkon des Hotelzimmers.

Alkohol darf an Kinder und Jugendliche unter 18 Jahren in Geschäften und Lokalen grundsätzlich nicht abgegeben werden. Dies gilt auch für Bier oder Wein. Nach wie vor dürfen Erwachsene Alkohol im öffentlichen Raum konsumieren. Ein Verbot des Alkoholkonsums auf Straßen, Plätzen und in Parkanlagen während der Nachtstunden etwa ab 2 Uhr ist im Gespräch.

 ### Sicherheit

Madeira und Porto Santo sind sichere Reiseziele. Selbst in Funchal ist die Gefahr, beraubt zu werden, gering. Dennoch sind Wertsachen und wichtige Dokumente am besten im Hotelsafe aufgehoben. In den Randbezirken, wo wenige Touristen verkehren, kann es gelegentlich zu alkoholbedingten Pöbeleien kommen. Das gilt auch für die Levadas am Stadtrand von Funchal und bei Dunkelheit in Câmara de Lobos.

Diebstähle jeder Art sollten Sie bei der örtlichen Polizeiwache anzeigen. Wählen Sie in Notfällen die gebührenfreie europäische **Notrufnummer 112**. Umfassende Informationen zur Sicherheit in Portugal gibt es auf der Internetseite des Auswärtigen Amtes (www.auswaertiges-amt.de).

 ### Souvenirs

Blumen, Blumenzwiebeln, Setzlinge und Samen sind in fast allen Souvenirgeschäften, Supermärkten und besonders in der Markthalle von Funchal zu bekommen.

Azulejos (Kachelbilder) finden Sie in Werkzeugläden und Baumärkten an den Ortsrändern, ebenso die **Tonfigu-**

Der Golfplatz von Porto Santo umfasst Seen und Klippen

ren, die die Dachenden der traditionellen Häuser zieren.

Heimische **Korbwaren** werden in Camacha hergestellt und dort im Café Relógio verkauft (S. 42). Eine große Auswahl bekommt man auch in der Markthalle von Funchal.

Allgegenwärtig ist der **Bolo de Mel**, ein fester Kuchen, der mit Zuckerrohrmelasse gesüßt ist. Er hält sich mehrere Monate. Eine gute Einkaufsadresse für die Produkte aus Zuckerrohr ist die Zuckerrohrfabrik in Calheta (S. 82).

Aus der heimischen **Aloe Vera** werden Cremes, Shampoos, Duschmittel und das pure Gel hergestellt. Den Hauptvertrieb übernimmt die Supermarktkette Pingo Doce, aber auch zahlreiche Souvenirshops bieten die Produkte von Alvedama (www.alvedama.com) an.

Einheimische **Stickereiwaren** sind in zahlreichen Geschäften und Manufakturen in Funchal erhältlich.

Portugiesisches **Olivenöl** wird auf Madeira zwar nicht hergestellt, in je-

dem Supermarkt sind jedoch alle Kategorien von Ölen zu bekommen.

 Sport

Golf

Golfplätze liegen auf Madeira bei Santo da Serra (Clube de Golf Santo da Serra) und bei Funchal (Palheiro Golf). Auf Porto Santo gibt es südwestlich der Hauptstadt einen Golfplatz.

Canyoning

Der Sport erfreut sich auf Madeira immer größerer Beliebtheit. Bei den meisten Reiseagenturen auf der Insel können Ausflüge in die steilen Täler gebucht werden. In Funchal und Caniço de Baixo haben sich Veranstalter darauf spezialisiert. Die genauen Kontaktdaten finden sich bei den Ortsbeschreibungen.

Motorradtouren

Mit seinen engen und steilen Straßen ist Madeira ein Paradies für Motorradfahrer. Gut gewartete Motorräder vermietet Magoscar in Caniço de Baixo (Rua Dom Francisco Santana, Edificio Ventur, Loja E, Caniço de Baixo, Tel. 291 93 48 18, www.magoscar.com).

Mountainbiketouren

Viele Pisten, Erdwege und Levadas lassen sich per Fahrrad erkunden. Geführte Touren oder nur Verleih von hochwertigen Rädern bietet Albano Aktiv in Caniço de Baixo (S. 46).

Surfen

Windsurfer finden auf Porto Santo gute Bedingungen. Wellenreiter fühlen sich in der starken Brandung auf Madeira wohl. Eine Wellenreitschule befindet sich auf Madeira in Porto da Cruz (S. 60).

Tauchen

Die Küste von Madeira fällt steil ins Meer und steht zum großen Teil unter Naturschutz. In Funchal und Caniço bieten deutschsprachige Schulen Kurse und Ausfahrten.

Wandern

Auf Madeira sind 23 **Wanderwege** ausgewiesen und markiert, auf Porto Santo sind es zwei. Die Wege auf Madeira sind vielseitig, von leichten Spaziergängen bis zur anspruchsvollen Gebirgstour ist alles dabei. Eine Besonderheit sind die Levada-Wanderungen entlang der Wasserkanäle ohne nennenswerte Steigung oder Touren im Lorbeerwald (UNESCO-Welterbe). Auf www.visitmadeira.pt sind alle offiziellen Wege aufgeführt. Übersichtskarten und Kurzbeschreibungen können heruntergeladen werden. Meist handelt es sich dabei um Streckenwanderungen, sodass Sie

auf demselben Weg wieder zurück müssen, oder Sie fahren Bus oder Taxi. Fast alle Agenturen auf der Insel bieten **geführte Wanderungen** und Wandertransfers an. Kontaktdaten finden sich in den Ortsbeschreibungen.

Strom und Steckdose

Das portugiesische Stromnetz wird wie in Deutschland mit 230 Volt betrieben. In die Steckdosen passen problemlos die üblichen Euro- und Schuko-Stecker.

Telefon und Internet

Alle portugiesischen **Telefonnummern** bestehen aus neun Ziffern. Ortsvorwahlen gibt es nicht.

Die Roaminggebühren für Mobiltelefonate wurden innerhalb der EU im Juni 2017 abgeschafft. Deutsche und österreichische Handykunden telefonieren somit in Portugal zu den gleichen Konditionen wie zu Hause. Das Gleiche gilt auch für das mobile Internet. Das **Mobilfunknetz** auf Madeira und Porto Santo ist sehr gut ausgebaut. Lediglich in abgelegenen, engen Tälern können Funklöcher auftreten.

Für Handykunden aus der Schweiz fallen nach wie vor Roaminggebühren an.

Die Telefongebühren von Hotels sind meist sehr hoch.

Internationale Vorwahlen

■ Portugal 00 351
■ Deutschland 00 49
■ Österreich 00 43
■ Schweiz 00 41

WLAN heißt in Portugal WiFi. Es wird in vielen Hotels, Ferienwohnungen und Ferienhäusern gratis angeboten. Kostenlose Hotspots finden sich am Flughafen von Madeira sowie in vielen Einkaufszentren, Restaurants und Cafés. Der Flughafenbus (Aerobus) und die Schnellbuslinien zwischen Machico und Funchal stellen ebenfalls freies WLAN zur Verfügung.

Trinkgeld

Bei Rechnungen im Restaurant oder Hotel ist das Trinkgeld inkludiert. Dennoch ist es üblich, bei Zufriedenheit ein zusätzliches Trinkgeld zu geben. Man lässt sich zunächst das gesamte Wechselgeld auf einem Tellerchen zurückgeben, auf dem man bei Verlassen des Lokals einige Münzen liegen lässt.

Umgangsformen

Die Portugiesen sind im Umgang mit Fremden eher zurückhaltend. Hat man nähere Bekanntschaft geschlossen, ist es bei Frauen untereinander sowie zwischen Männern und Frauen üblich, sich mit angedeuteten Küsschen auf die linke und rechte Wange zu begrüßen. Während in der Geschäftswelt und bei feierlichen Anlässen formelle Kleidung üblich ist, kleiden sich die Einheimischen in der Freizeit durchaus leger. Kurze Hosen sind bei Männern ab dem mittleren Alter jedoch selten. Nacktbaden ist in Portugal verboten. Einheimische Frauen baden auch nicht »oben ohne«.

Unterkunft und Hotels

Ausführliche Informationen zum Hotelangebot in den einzelnen Regionen mit Preiskategorien finden Sie am Ende jedes Kapitels dieses Reiseführers.

Camping

Stellplätze für Wohnmobile gibt es auf **Madeira** keine. Ein Zeltplatz befindet sich in Ribeira da Janela an der Mündung des gleichnamigen Flusses. Er liegt allerdings in unmittelbarer Nähe eines Wasserkraftwerks, sodass die Turbinengeräusche den Schlaf stören könnten.

Auf **Porto Santo** liegt der Campingplatz am südwestlichen Ortsrand von Vila Baleira direkt am Strand. Er bietet Stellplätze für Wohnwagen, Wohnmobile und Zelte.

Ferienwohnungen

Ferienwohnungen und Ferienhäuser erfreuen sich auf **Madeira** immer größerer Beliebtheit. Sie verteilen sich über die ganze Insel, wobei die meisten sich im Südwesten befinden. Sie liegen entweder in Apartmentanlagen (»apartamentos turísticos«), oder es handelt sich um individuellere Privathäuser und -wohnungen, die als »alojamento local« klassifiziert sind. Von privaten Anbietern können Sie auch ganze Bauernhäuser mieten, die sich meist in ruhiger Dorflage befinden. Die Preise schwanken stark je nach Saison. Einfache Ferienwohnungen gibt es ab 40 € pro Tag. Im Internet können Ferienhäuser und -wohnungen z. B. über www.booking.com, www.casamundo.de, www.fewo-direkt.de oder www.airbnb.de gebucht werden. Eine Auswahl auf Madeira bietet die Seite www.madeira-ferienhaus.de. Die deutsche Agentur RMK ist auf Ferienhäuser im ländlichen Westen spezialisiert (www.madeira-rmktours.com).

Auf **Porto Santo** gibt es nur wenige einzelne Ferienhäuser. Apartments mit Kochgelegenheit sind in der Regel Teil eines Hotels.

Hotels

In den Katalogen der Reiseveranstalter finden sich überwiegend die gehobenen bis luxuriösen Häuser der Vier- und Fünf-Sterne-Kategorie, manchmal auch einfachere Drei-Sterne-Mittelklassehotels. Die früheren Pensionen werden in Portugal jetzt als Hotels, meist mit einem oder zwei Sternen, klassifiziert. Ihr Standard ist eher schlicht, manchmal gibt es nur ein Gemeinschaftsbad.

Die Hotelklassifizierung nach Sternen kann in Portugal mit wenigen Abstrichen mit der in Deutschland verglichen werden.

Jugendherbergen

In der Region Madeira stehen Jugendherbergen (»pousadas de juventude«) in Calheta, Funchal, Porto Moniz, Santana und Vila Baleira (Porto Santo) zur Verfügung. Voraussetzung ist ein gültiger Jugendherbergsausweis, den man (unabhängig vom Alter) in jeder Herberge erwerben kann. Übernachtungen sind in Mehrbettzimmern (10–18 € p. P.) oder Doppelzimmern (30–52 €), z. T. auch in Familienzimmern und Apartments, möglich.

Ländliche Quartiere

Auf Madeira wurden Gutshäuser (»quintas«) in komfortable Landhaushotels (»turismo rural«) mit geschmackvoll und individuell eingerichteten Zimmern verwandelt. Infos unter www.visitmadeira.pt.

 Verkehrsmittel im Land

Bus

Auf Madeira bedienen vier Busgesellschaften unterschiedliche Teile der Insel. In **Funchal** verkehren Stadtbusse der Gesellschaft Horários do Funchal. Sie sind gelb mit einem weißen Streifen und fahren durch das ganze Stadtgebiet. Die drei Linien der »Linha Eco« beschränken sich auf den inneren Stadtzirkel (Fahrpläne unter www.horariosdofunchal.pt). Die Haltestellen sind in der ganzen Stadt verteilt.

Camacha, **Curral das Freiras**, **Santo da Serra** und Teile der Nordostküste bis **Arco do São Jorge** werden von der Gesellschaft CCSG angefahren (Fahrpläne unter www.horariosdofunchal.pt, »Carreiras interurbanas«). Haltestelle für Fahrten nach Curral das Freiras ist vor der Festung São Lourenço an der Uferstraße. Für alle anderen Richtungen befindet sich die Haltestelle am östlichen Ende der Avenida do Mar.

Für das Gebiet um **Caniço** sind die rotweiß-grauen Busse der Gesellschaft Empresa de Autocarros do Caniço, EACL, zuständig (Fahrpläne unter www.eacl.pt). Die zentrale Abfahrtsstelle in Funchal ist die Praça Dom Carlos I. an der Talstation der Seilbahn nach Monte.

Den **Inselosten** befahren Busse der Gesellschaft SAM, zu erkennen an ihrer grün-weißen Farbe (www.sam.pt). Große Busbahnhöfe befinden sich in Funchal und Machico. Haltestellen in Funchal liegen an der Avenida do Mar. Die SAM betreibt auch den **Aerobus**, der zwischen Funchal und dem Flughafen pendelt (S. 33).

Den kompletten **Westteil** der Insel deckt die Gesellschaft Rodoeste ab. Die neueren Busse sind weiß mit rot-goldenen Streifen, die älteren grünlich-beige mit rot-weißen Streifen (www.rodoeste.pt). Haltestellen in Funchal liegen an der Avenida do Mar. Auf **Porto Santo** gibt es nur eine Busgesellschaft (S. 112).

Fähre

Die einzige reguläre Fähre auf dem Archipel ist die **Porto Santo Line**. Sie pendelt tgl. einmal zwischen Madeira und Porto Santo (www.portosanto line.pt). Preise für die Hin- und Rückfahrt liegen je nach Saison und Klasse zwischen 46 und 81 €. PKWs kosten zwischen 155 und 200 €. Abfahrt ist in Funchal am Kreuzfahrtterminal. Die Abfahrtszeiten (morgens hin, abends zurück) lassen einen Tagesausflug zu.

Fahrrad

Das Fahrrad ist nur für sportliche Urlauber als reines Verkehrsmittel geeignet. Einige Vermieter haben auch E-Bikes im Angebot. Selbst in Funchal sind die Straßen so steil, dass sich der elektrische Hilfsmotor lohnt. Die öffentlichen Busse sind nicht dafür ausgestattet, Fahrräder zu transportieren.

Mietwagen

An den Flughäfen von Madeira und Porto Santo sind verschiedene Mietwagenfirmen präsent. Vorausbuchung über einen Reiseveranstalter oder via Internet empfiehlt sich. Auch in vielen Ferienorten lassen sich PKWs anmieten. Für Mitglieder bietet die **ADAC Autovermietung** günstige Konditionen an. Buchen kann man im Internet (www.adac.de/autovermietung), in allen ADAC Geschäftsstellen oder unter Tel. 089/76 76 20 99.

Seilbahn

Funchal ist mit Monte durch eine Seilbahn verbunden (www.madeira cablecar.com), siehe S. 27. Ebenso verläuft zwischen Monte und dem Botanischen Garten eine Seilbahn (www.telefericojardimbotanico.com), siehe S. 35.

Die Küstenebenen von Fajã dos Padres (S. 76) und Achadas da Cruz (S. 94) sind auch über Gondelbahnen zu erreichen.

Taxi

Taxis sind gelb. Die Grundgebühr beträgt tagsüber unter der Woche 2 €, nachts, am Wochenende und an Feiertagen 2,40 €. Der Kilometer kostet 0,63 €. Die Mindestgebühr ist 4,50 €. Die Fahrer sind zuverlässig und ehrlich.

Zeitverschiebung

In Portugal gilt **Westeuropäische Zeit** (WEZ). Die Umstellung auf Sommer- bzw. Winterzeit erfolgt zu denselben Terminen wie bei uns. Gegenüber Mitteleuropa ist die Uhr daher ganzjährig um eine Stunde zurückzustellen.

Zollbestimmungen

Bei Grenzübertritten innerhalb der **EU** sind Artikel für den persönlichen Bedarf zollfrei. Dazu zählen auch Tabakwaren und alkoholische Getränke. Beispiele für Richtmengen: 800 Zigaretten, 200 Zigarren, 10 l Spirituosen, Wein in unbegrenzter Menge (www. zoll.de, www.bmf.gv.at/zoll).

Bei Einreise in die **Schweiz** bleiben Waren (auch Tabak und Alkohol) im Gesamtwert bis 300 CHF zollfrei. Zusätzlich müssen Freimengen beachtet werden: Steuerfrei bleiben für Reisende ab 17 Jahren 250 Zigaretten oder Zigarren bzw. 250 g andere Tabakfabrikate, 5 l alkoholische Getränke bis 18 Vol.-% und 1 l alkoholische Getränke über 18 Vol.-% (www.ezv.admin.ch). Über die Kosten bei Überschreiten der erlaubten Menge informiert: www. ch.ch/de/einfuhr-waren-schweiz.

Die Geschichte des Madeira-Archipels

1418 João Gonçalves Zarco und Tristão Vaz Teixeira gehen in Porto Santo an Land.

1419 Madeira wird besiedelt.

1425 Erste Zuckerrohrplantagen werden im Bereich von Funchal angelegt.

1446 Porto Santo wird besiedelt. Lehnsherr ist Bartolomeu Perestrelo aus Lissabon.

1456 Die erste Zuckerlieferung verlässt Madeira.

1479 Christoph Kolumbus heiratet die Tochter von Bartolomeu Perestrelo und lebt einige Jahre auf Porto Santo, verdingt sich aber auf Madeira als Zuckerhändler.

1497 Unter König Manuel I. wird Funchal Hauptstadt von Madeira.

1513 Die Festung São Lourenço an der Uferstraße wird erbaut.

1514 Funchal wird Bischofssitz.

1521 König Manuel I. stirbt in Lissabon. João III. aus dem Hause Avis wird König von Portugal.

1530 Die Zuckerhändler bekommen Konkurrenz aus Amerika.

1580 Felipe II. von Spanien wird als Felipe I. portugiesischer König.

1640 João IV. aus dem Haus Braganza wird portugiesischer König. England unterstützt den portugiesischen Unabhängigkeitskrieg.

1688 Portugal wird unabhängig. Erste englische Weinhändler lassen sich auf Madeira nieder.

1703 England erlässt ein Weinembargo gegen Frankreich. Die Weinproduktion auf Madeira erlebt einen Aufschwung, an dem auch die Jesuiten beteiligt sind.

1760 Verbot des Jesuitenordens: Die Mönche müssen die Insel verlassen.

1801 Die Briten errichten auf Madeira einen Stützpunkt gegen das napoleonische Frankreich.

1852 Der Mehltau bringt den Weinanbau auf Madeira zum Erliegen.

1860 Kaiserin Elisabeth von Österreich verbringt ihren Urlaub auf Madeira.

1872 Die Reblaus zerstört große Teile der Rebstöcke. Es kommt vermehrt zur Auswanderung.

1921 Der österreichische Kaiser Karl I. wird nach Madeira verbannt.

1932 António de Oliveira Salazar errichtet eine Diktatur in Portugal.

1974 Die Nelkenrevolution beendet die Diktatur in Portugal.

1986 Portugal wird Teil der EU.

1996 Auf Madeira beginnt ein umfassender Straßenbau.

2006/07 Das Silvesterfeuerwerk schafft es ins Guinnessbuch der Rekorde.

2017 Der Flughafen von Madeira wird in Aeroporto Cristiano Ronaldo umbenannt.

Seit dem 15. Jh. wird auf Madeira Zuckerrohr angepflanzt. Um 1900 spielten die Plantagen keine große Rolle mehr

Portugiesisch für die Reise

Das Wichtigste in Kürze

Ja/Nein	*Sim/Não*
Bitte/Danke	*Por favor/Obrigado*
Hallo!/Auf Wiedersehen!	*Olá!/Adeus!*
Guten Morgen!/Guten Tag!	*Bom dia!/Boa tarde!*
Guten Abend!/Gute Nacht!	*Boa noite!*
Mein Name ist …	*O meu nome é/Chamo-me …*
Entschuldigung!	*Desculpe!*
Achtung!/Vorsicht!	*Atenção!/Cuidado!*
Ich verstehe Sie nicht.	*Não compreendo.*
Wie viel kostet das?	*Quanto custa (é) isso?*
Damen/Herren	*Senhoras/Homens*
geöffnet/geschlossen	*aberto/fechado*
gestern/heute/morgen	*ontem/hoje/amanhã*
Wie viel Uhr ist es?	*Que horas são?*
Wo ist …?	*Onde é …?*
Wie weit ist das?	*Qual é a distância?*
Ist das die Straße nach …?	*Esta é a rua/estrada para …?*
Nord/Süd/West/Ost	*Norte/Sul/Oeste/Este*
Ich möchte …	*Queria …*
Die Rechnung, bitte!	*A conta, por favor!*
Restaurant	*restaurante*
Auto	*carro*
Tankstelle	*posto de gasolina*
Super 95 Oktan/Diesel	*gasolina 95/gasóleo*
Panne	*avaria*
Hilfe!	*Socorro!*
Fahrrad	*bicicleta*
Bahnhof	*estação ferroviária*
Busbahnhof	*estação rodoviária*
Flughafen	*aeroporto*
Ausweis/Pass	*bilhete de identidade/passaporte*
Bank/Geldautomat	*banco/caixa multi-banco*
Arzt	*médico*
Apotheke	*farmácia*
Supermarkt	*supermercado*
Tourismusbüro	*posto de turismo*

Wochentage

Montag	*segunda-feira*
Dienstag	*terça-feira*
Mittwoch	*quarta-feira*
Donnerstag	*quinta-feira*
Freitag	*sexta-feira*
Samstag	*sábado*
Sonntag	*domingo*

Zahlen

1	*um, uma*	8	*oito*
2	*dois, duas*	9	*nove*
3	*três*	10	*dez*
4	*quatro*	11	*onze*
5	*cinco*	12	*doze*
6	*seis*	100	*cem*
7	*sete*	1000	*mil*

Hinweise zur Aussprache

ã, õ	wie ›ang, ong‹, Bsp.: São
c	vor ›e, i‹ wie scharfes ›s‹, Bsp.: cerveja
	vor ›a, o‹ wie ›k‹, Bsp.: faca
ch	wie ›sch‹, Bsp.: duche
ç	wie scharfes ›s‹, Bsp.: preço
ção	wie ›saong‹, Bsp.: estação
é	wie lang gezogenes ›äh‹, Bsp.: crédito
g	vor ›a, o, u‹ wie ›g‹, Bsp.: gasolina
	vor ›e, i‹ wie weiches ›g‹ (Rage), Bsp.: longe
h	am Wortanfang stumm
j	wie weiches ›g‹ (Rage), Bsp.: hoje
nh	wie lang gezogenes ›nj‹, Bsp.: dinheiro
o	am Wortende als kurzes ›u‹, Bsp.: zero
qu	vor ›e, i‹ wie ›k‹, Bsp.: quero, quilo
	vor ›a, o‹ wie ›kw‹, Bsp.: quarto
x	wie ›sch‹, Bsp.: queixa
z	wie ›sch‹ am Wortende, Bsp.: faz favor
	sonst wie ›s‹, Bsp.: onze

Alle Blickpunkt-Themen in diesem Band:

Register

Register

Bildnachweis

Titel: Die Nordküste Madeiras bei Boaventura
Foto: **stock.adobe.com** (Anna Lurye)
Rücktitel: links: **Seasons Agency** (W. Schmitz/Jalag); rechts: **stock.adobe.com** (Balate Dorin)

Impressum

Herausgeber: GRÄFE UND UNZER VERLAG GmbH, Postfach 86 03 66, 81630 München
Leitender Redakteur: Benjamin Happel
Autor: Oliver Breda
Verlagsredaktion: Katja Tegler (verantw.), Nora Köpp, Gernot Schnedlitz, Nadia Turszynski
Lektorat: Jessika Zollickhofer
Satz: Anja Linda Dicke
Bildredaktion: Iris Kaczmarczyk
Schlusskorrektur: Gudrun Raether-Klünker
Reihengestaltung: Eva Stadler
Kartografie: Kunth Verlag GmbH & Co. KG, München
Herstellung: Mendy Willerich
Druck: Drukarnia Dimograf Sp z o.o. (Polen)

Ansprechpartner für den Anzeigenverkauf:
KV Kommunalverlag GmbH & Co. KG, MediaCenter München,
Tel. 089/928 09 60

ISBN 978-3-95689-401-5
1. Auflage 2018

© 2018 GRÄFE UND UNZER VERLAG GmbH, München
ADAC Reiseführer Markenlizenz der ADAC Verlag GmbH & Co. KG, München

Leserservice
adac@graefe-und-unzer.de
Tel. 00800/72 37 33 33 (gebührenfrei in D, A, CH)
Mo–Do 9–17 Uhr, Fr 9–16 Uhr

Bei Interesse an maßgeschneiderten B2B-Produkten:
gabriella.hoffmann@graefe-und-unzer.de

GRÄFE
UND
UNZER

Ein Unternehmen der
GANSKE VERLAGSGRUPPE

Foto: © mauritius images/Radius Images/Raimund Linke

Jährlich neu: ADAC Campingführer mit rabattstarker CampCard!

■ Die 5.500 besten Campingplätze zwischen Nordkap und Sizilien ■ Aktuelle Preis-angaben ■ Separate Planungskarte und vor Ort recherchierte GPS-Koordinaten ■ Mit ADAC CampCard.

Überall, wo es Bücher gibt, und beim ADAC.

www.adac.de/shop

Unterwegs auf Madeira

Korbschlitten von Monte

Mit dem Korbschlitten die Straße runtersausen ist nur auf Madeira möglich. Zwei Schlittenlenker sind dabei, einer beschleunigt, der andere bremst, wenn nötig. Von Monte geht es auf steilen Straßen bis in die Vororte von Funchal.

■ Details S. 36

Segway

Wer Funchal von Ost nach West erkunden möchte, ist zu Fuß lange unterwegs. Schneller geht es mit dem Segway. Nach einer kurzen Einweisung können Sie loslegen, oder aber Sie schließen sich einer geführten Tour an.

■ www.lokolokomadeira.com

Tuk Tuk

Aussichtspunkte vom Cabo Girão bis nach Garajau lassen sich bequem und luftig mit dem Tuk Tuk erkunden. Sie können auch zum Botanischen Garten oder durch die schmalen Gassen der Stadt fahren.

■ www.tukmadeiracitytours.com

Seilbahnen

Die Küste von Madeira ist steil. Die Uferbereiche sind größtenteils weder über eine Straße noch mit dem Boot zu erreichen. An vielen Stellen sorgen steile Seilbahnen für einen Zugang. Spektakuläre Fahrten gibt es an der Fajã dos Padres oder in Achada da Cruz.

■ Details S. 76 und S. 94

Fähre nach Porto Santo

Sie vermissen lange Sandstrände auf Madeira? Morgens setzt die Porto Santo Line zur Nachbarinsel über, abends geht es wieder zurück. Der Strand auf Porto Santo ist rund 9 km lang.

■ Details S. 135